TOUTE LA FORMULE 1 BELGE

Toute la Formule 1 belge

Thierry Collard

© 2022, Thierry Collard

Édition : BoD – Books on Demand, info@bod.fr

Impression : BoD – Books on Demand,
In de Tarpen 42, Norderstedt (Allemagne)
Impression à la demande

ISBN : 978-2-3224-5691-8

Dépôt légal : Octobre 2022

Tous droits réservés. Aucune partie de cette publication ne peut être reproduite, stockée dans un système de recherche documentaire ou transmise sous quelque forme ou moyen que ce soit (électronique, mécanique, photocopie, enregistrement ou autre), sans l'autorisation écrite préalable de l'auteur.

Les marques F1™, Formula 1™, Formula One™, FIA Formula One World Championship™, Grand Prix™ ainsi que celles des manufacturiers cités dans cet ouvrage ne sont en aucune façon liées à cette publication ni à son auteur ; toutes ces marques sont citées à titre d'information conformément aux usages journalistiques et aux règles énoncées sur la page officielle https://www.formula1.com/en/toolbar/guidelines.html

« La vitesse est la forme d'extase
dont la révolution technique
a fait cadeau à l'homme. »

Milan Kundera

Table des matières

Avant-propos 17

Les pilotes 19

Arthur Legat (1898-1960) 21

Roger Laurent (1913-1997) 23

Johnny Claes (1916-1956) 25

Paul Frère (1917-2008) 27

Georges Berger (1918-1967) 29

André Pilette (1918-1993) 31

Olivier Gendebien (1924-1998) 33

Jacques Swaters (1926-2010) 35

Charles de Tornaco (1927-1953) 37

Willy Mairesse (1928-1969) 39

André Milhoux (né en 1928) 41

Lucien Bianchi (1934-1969) 43

Teddy Pilette (né en 1942) 45

Jacky Ickx (né en 1945) 47

    1967 : Une F2 parmi les F1 48

    1968 : La joie et les larmes 49

1969 : Derrière l'intouchable Stewart 49

1970 : Retour gagnant à la *Scuderia* 50

1971 : Quelques points et puis s'en va 51

1972 : La dernière victoire 52

1973 : Divorce à l'italienne 53

1974—1975 : Le blues de Lotus 53

1976—1978 : Des piges sans saveur 54

1979 : La surprise Ligier 55

Après la course 56

Patrick Nève (1949-2017) 57

Thierry Boutsen (né en 1957) 59

1983—1988 : Débuts chez Arrows, podiums chez Benetton 59

1989—1990 : Trois victoires avec Williams 60

1991—1993 : L'éclipse Ligier, l'épilogue Jordan 61

Éric van de Poele (né en 1961) 63

Bertrand Gachot (né en 1962) 65

Philippe Adams (né en 1969) 67

Jérôme d'Ambrosio (né en 1985) 69

Stoffel Vandoorne (né en 1992) 71

Les écuries 73

    Vicomtesse de Walckiers 75

    Écurie Belge 77

    Écurie Belgique 79

    Écurie Francorchamps 81

    Équipe Nationale Belge/ENB 83

    Équipe Scirocco Belge 85

Les pneumatiques 87

    Englebert : champion avec Ferrari 89

Les circuits 91

    Spa-Francorchamps : historique et mythique 93

    Bois de la Cambre : la parenthèse bruxelloise 99

    Nivelles-Baulers : la piste éphémère 101

    Zolder : une décennie flamande 105

Les grands prix avant la F1 107

    1912 : Une moyenne trop lente à Dinant 109

    1913 : Accident mortel à Spa 111

    1922 : Une victoire 100 % belge 113

    1925 : Naissance d'un championnat 115

1930 : Peugeot fait trembler Bugatti 117

1931 : Dix heures d'un duel franco-italien 119

1933 : Un cavalier seul signé Ferrari 121

1934 : Sept partants mais trois leaders 123

1935 : Rudolf Caracciola caracole en tête 125

1937 : Rudolf Hasse ménage ses pneus 127

1939 : Lang résiste, Seaman se tue 129

1946 : Chaboud contient Levegh 131

1947 : Wimille trahit Varzi 133

1949 : La sobriété récompensée 135

Les grands prix du Championnat du monde 137

1950 : Les Alfetta reines de la vitesse 139

1951 : Fangio, le perdant acclamé 141

1952 : Le nouveau patron se prénomme Alberto 143

1953 : Ascari plus fiable que rapide 145

1954 : Fangio quitte Maserati sur un succès 147

1955 : Paul Frère au pied du podium 149

1956 : Paul Frère monte sur le podium 151

1958 : Tony Brooks en roue libre 153

1960 : La course doublement endeuillée 155

1961 : Olivier Gendebien aux avant-postes 157

1962 : Willy Mairesse leader puis accidenté 159

1963 : Jim Clark émerge de l'orage 161

1964 : Trois leaders à court d'essence 163

1965 : Clark puissance quatre 165

1966 : Surtees gagne… et se fait licencier 167

1967 : Dan Gurney et Eagle touchent le ciel 169

1968 : Une première pour McLaren 171

1970 : La fin du tracé historique 173

1972 : Un circuit moderne mais impopulaire 175

1973 : Un doublé Tyrrell salue Zolder 177

1974 : Emerson Fittipaldi monopolise Nivelles 179

1975 : La régularité de Niki Lauda 181

1976 : Symphonie pour moteurs V12 183

1977 : L'unique victoire de Gunnar Nilsson 185

1978 : Lotus révolutionne encore la F1 187

1979 : Jody Scheckter reprend la main 189

1980 : La première victoire de Didier Pironi 191

1981 : Le lourd tribut des mécaniciens 193

1982 : Le dernier tour de Gilles Villeneuve 195

1983 : Spa-Francorchamps en version courte 197

1984 : Michele Alboreto dit adieu à Zolder.......................199

1985 : Trois mois pour refaire toute la piste.....................201

1986 : Nigel Mansell surgit de la mêlée 203

1987 : McLaren tire les marrons du feu 205

1988 : Thierry Boutsen privé de son podium 207

1989 : Peu de dépassements sous le déluge 209

1990 : Trois départs pour une seule course.....................211

1991 : Ayrton Senna dépasse Jim Clark...........................213

1992 : Michael Schumacher à qui perd gagne..................215

1993 : Dernier tour écourté pour Boutsen........................217

1994 : Double punition pour Schumacher........................219

1995 : Schumacher, le meilleur comme le pire 221

1996 : La revanche de Ferrari 223

1997 : Spa invente le départ sous safety-car...................225

1998 : Jordan émerge du grand carambolage 227

1999 : Pas de consigne d'équipe chez McLaren 229

2000 : Un dépassement d'anthologie 231

2001 : Faux départs et terrifiant accident..........................233

2002 : Schumacher roi de Francorchamps........................235

2004 : Räikkönen rompt l'hégémonie italienne 237

2005 : Räikkönen domine, Alonso assure 239

2007 : Ferrari lave son honneur..241

2008 : Hamilton pénalisé, Massa à 100 %........................243

2009 : Ferrari vainc le signe indien 245

2010 : Lewis Hamilton passe entre les gouttes.................247

2011 : Le patron s'appelle Sebastian Vettel.....................249

2012 : Grosjean cogne devant...251

2013 : Sebastian Vettel n'a plus de rival..........................253

2014 : Ricciardo échappe à tous les ennuis 255

2015 : Un doublé de plus pour Mercedes........................257

2016 : Nico Rosberg gagne… et puis s'en va..................259

2017 : Vettel à la poursuite d'Hamilton 261

2018 : Hamilton à la poursuite de Vettel..........................263

2019 : Leclerc dédie sa victoire à Hubert........................265

2020 : Hamilton devant des tribunes vides 267

2021 : Un tour pour rien..269

2022 : Verstappen fait le maximum 271

Hors championnat **273**

Quand le championnat n'était pas tout 275

    8 juin 1946 : Deux Belges sur le podium................................ 275

    24 avril 1949 : Johnny Claes troisième à Paris...................... 275

    5 juin 1949 : Claes récidive à Chimay.................................... 275

    27 avril 1952 : Claes éternel troisième.................................. 276

    1er juin 1952 : Paul Frère gagne à Chimay............................ 276

    24 mai 1953 : Maurice Trintignant devance Roger Laurent 276

    31 mai 1953 : Paul Frère deuxième au Nürburgring............... 277

    12 juillet 1953 : Jacques Swaters roi de l'Avus...................... 277

    6 juin 1954 : André Pilette deuxième à Chimay..................... 277

    25 juillet 1954 : Georges Berger associé à Jean Behra.......... 277

    12 septembre 1954 : André Pilette deuxième à Cadours........ 278

    9 avril 1961 : Jack Brabham s'impose à Bruxelles 278

    1er avril 1962 : Willy Mairesse couronné à domicile................ 278

    20 mai 1962 : Mairesse récidive à Naples............................. 278

    16 août 1969 : Jacky Ickx triomphe à Oulton Park 279

    13 juin 1971 : Ickx gagne en mémoire de Rindt 279

17 mars 1974 : Ickx champion sous la pluie............................ 279

14 mars 1976 : Ickx sur le podium 280

Les statistiques des pilotes belges 281

Ickx et Boutsen victorieux 283

Boutsen, dix ans en F1 283

5 Belges dans la course....................................... 284

3 podiums à domicile 284

Ickx, le premier et presque le plus jeune 284

Ickx, l'enfant de la *pole* 285

Boutsen, le plus patient.. 285

Points marqués en championnat............................ 285

Les statistiques du GP de Belgique 287

Palmarès...289

Schumacher devance Senna................................ 294

L'unique victoire de Nilsson 295

Des victoires en rouge.. 296

Un aigle au sommet 297

Hamilton en *pole* 298

Meilleur tour pour Prost 299

Avant-propos

Saviez-vous que Thierry Boutsen a débuté sa carrière en F1 au Grand Prix de Belgique 1983 et l'a achevée exactement dix ans plus tard, au Grand Prix de Belgique 1993 ? Avec 163 départs, il est, à ce jour, le pilote belge ayant disputé le plus de grands prix de F1. Il ne compte cependant que 3 victoires, contre 8 au célébrissime Jacky Ickx qui, lui, n'a couru que 114 fois en F1 et dont le public profane connaît davantage les exploits aux 24 Heures du Mans.

Saviez-vous que deux autres pilotes belges ont bouclé quelques tours en tête d'un grand prix ? Il s'agit d'Olivier Gendebien et de Willy Mairesse. Et saviez-vous que deux autres encore ont goûté aux joies du podium ? Ce sont Lucien Bianchi et Paul Frère.

Avec des fortunes diverses, pour une seule course ou pour plusieurs saisons, sous les couleurs d'une écurie nationale ou celles d'un grand constructeur, 21 pilotes belges ont pris le départ d'épreuves de F1 depuis la création du Championnat du monde des pilotes, en 1950.

Cette année-là, la saison officielle ne comptait que 6 courses européennes, plus les 500 miles d'Indianapolis. Le Grand Prix de Belgique figurait déjà dans ce calendrier. Sept décennies plus tard, il en demeure une date importante.

Sa légende s'est notamment bâtie autour du majestueux circuit de Spa-Francorchamps, niché dans les vallonnements des Ardennes, et de son mythique raidillon de l'Eau rouge. Les impératifs de sécurité ont réduit son tracé original, mais la magie d'une piste détrempée sillonnant entre les arbres demeure sans égale.

Ces pilotes, ces écuries, ces circuits et ces courses composent toute la passion qui lie la Belgique et la Formule 1. C'est leur histoire que nous retraçons dans les pages qui suivent.

LES PILOTES

Arthur Legat (1898-1960)

Né le 1ᵉʳ novembre 1898 à Haine-Saint-Paul, mort le 23 février 1960 à Haine-Saint-Paul à 61 ans.

2 GP disputés en 1952 et 1953

Meilleur classement : 13ᵉ

Né à la fin du XIXᵉ siècle, Arthur Legat pratique la course automobile bien avant l'apparition de la F1. Ce garagiste de Haine-Saint-Paul apprécie tout particulièrement le Grand Prix des Frontières, disputé près de Chimay, vers la frontière franco-belge. Entre 1926 et 1959, il participe 25 fois à cette course qu'il gagne à deux reprises (1931 et 1932) au volant d'une Bugatti 37 A.

En ce temps-là, on ne prend pas sa retraite sportive avant d'avoir des cheveux blancs. Arthur Legat est quinquagénaire lorsqu'il remporte la dernière édition de la course de côte de Malchamps, en 1949 sur une Maserati 6 CM.

Il s'offre ensuite deux participations au GP de Belgique, au volant d'une Veritas Meteor. Il s'y classe treizième en 1952, à cinq tours du vainqueur, puis abandonne sur panne de transmission en 1953.

À 54 ans au volant d'une F1, il est — et restera sûrement — le troisième plus vieux pilote dans cette catégorie, devancé seulement par le Monégasque Louis Chiron et le Français Philippe Étancelin qui ont encore piloté à 55 ans.

Arthur Legat a 60 ans lorsqu'il dispute une fois de plus le Grand Prix des Frontières, en 1959. C'est sa dernière apparition en course. Il meurt l'année suivante.

Roger Laurent (1913-1997)

Né le 21 février 1913 à Liège, mort le 6 février 1997 à Uccle à 83 ans.

2 GP disputés en 1952

Meilleur classement : 6^e

Cinq fois champion de Belgique de moto dans les années 1940, Roger Laurent passe sur quatre roues en 1949.

Hors championnat, il gagne le Grand Prix de Finlande 1952, au volant d'une Talbot-Lago T26C de l'Écurie Belgique, devant un plateau de pilotes amateurs. Cette même année, Roger Laurent effectue ses débuts en championnat du monde au Grand Prix de Belgique, où sa modeste HWM le mène à la douzième place. Deux mois plus tard, au Grand Prix d'Allemagne, la Ferrari de l'Écurie Francorchamps le propulse à une très honorable sixième place.

Roger Laurent poursuit sa carrière de coureur en endurance, où son meilleur résultat est une quatrième place aux 24 Heures du Mans 1954, sur la Jaguar C de l'Écurie Francorchamps dont il partage le volant avec Jacques Swaters.

Johnny Claes (1916-1956)

Né le 11 août 1916 à Fulham (GB), mort le 3 février 1956 à Bruxelles à 39 ans.

23 GP disputés entre 1950 et 1955

Meilleur classement : 7e

Dans les années 1940, la première renommée de Johnny Claes est celle de… trompettiste de jazz, leader de la formation *Johnny Claes and his Clay Pigeons*. Traducteur des pilotes britanniques sur le Grand Prix de France 1947, il découvre à cette occasion le sport automobile. L'année suivante, il prend le volant d'une Talbot-Lago et crée l'Écurie Belge. En 1949, il s'illustre plusieurs fois, par exemple en grimpant sur la troisième marche du podium du Grand Prix de Paris.

Johnny Claes obtient quelques succès en F2 et des places d'honneur hors championnat, mais ses meilleurs classements en grands prix officiels sont des septièmes places à Monaco (1950) et Spa-Francorchamps (1951). À partir de 1952, il pilote des monoplaces très différentes : Gordini, Simca, HWM, Connaught, Maserati, Ferrari, sans plus de résultats.

Les épreuves de rallye lui sourient davantage puisqu'il gagne à deux reprises le terrible marathon Liège-Rome-Liège, en 1951 avec Jacques Ickx (le père de Jacky), en 1953 avec Jean Trasenster.

En endurance, il décroche une probante troisième place dans les 24 Heures du Mans 1955, au volant d'une Jaguar D de l'Écurie Francorchamps qu'il partage avec Jacques Swaters.

Johnny Claes se retire après le Tourist Trophy 1955 car sa santé se dégrade. La tuberculose l'emporte cinq mois plus tard.

Paul Frère (1917-2008)

Né le 30 janvier 1917 au Havre (F), mort le 23 février 2008 à Nice (F) à 91 ans.

11 GP disputés entre 1952 et 1956

1 podium (2e au GP de Belgique 1956)

11 points marqués en championnat

Ingénieur devenu journaliste, champion d'aviron, Paul Frère découvre les sports mécaniques par la moto, en 1948. Dès 1952, il débute en monoplace au volant d'une F2 HWM et remporte, hors championnat, le Grand Prix des Frontières, sur le circuit de Chimay.

Pour sa première course officielle, le Grand Prix de Belgique 1952 couru sous la pluie, il donne à la firme HWM son meilleur résultat en grand prix avec une cinquième place. Chaque année, il dispute deux ou trois courses de monoplace, sur HWM puis sur Gordini, qui se concluent pour la plupart par des casses mécaniques.

En 1955 et 1956, la *Scuderia* Ferrari lui offre un volant pour trois courses. C'est dans le Grand Prix de Belgique que Paul Frère signe ses meilleurs résultats, quatrième en 1955 et deuxième en 1956. Ce podium marque sa dernière participation en F1.

Il se concentre alors sur les courses d'endurance, remportant avec Olivier Gendebien deux fois les 12 Heures de Reims (1957 et 1958) puis les 24 Heures du Mans 1960.

À sa mort, en 2008, le quinzième virage du circuit de Spa-Francorchamps est rebaptisé « Courbe Paul Frère ».

Georges Berger (1918-1967)

Né le 14 septembre 1918 à Bruxelles, mort le 23 août 1967 sur le circuit du Nürburgring (D) à 48 ans.

2 GP disputés en 1953 et 1954 (Gordini)

Georges Berger commence la course automobile en amateur après la Seconde Guerre mondiale, notamment au volant d'une Jicey, marque française à laquelle il donne son meilleur résultat (3e à Chimay en 1950).

Il tente sa chance en F1 en pilotant une Gordini. Au Grand Prix de Belgique 1953, il obtient le dernier temps aux essais et abandonne dès le quatrième tour. Au Grand Prix de France 1954, il est trahi en course par son moteur. Cette année-là, il signe ses meilleurs résultats hors championnat, à Rouen (4e) et Bordeaux (7e).

Georges Berger se tourne ensuite vers d'autres disciplines, signant particulièrement deux victoires dans le Tour de France automobile, en compagnie de Willy Mairesse (1960) et de Lucien Bianchi (1964). Il participe deux fois aux 24 Heures du Mans pour l'Écurie Francorchamps (1961) et pour l'Écurie Nationale Belge (1962), tentatives qui se soldent par deux abandons. Il trouve la mort au volant d'une Porsche 911, sur le circuit allemand du Nürburgring, durant le Marathon de la Route 1967, une course de 84 heures qui remplaçait la classique Liège-Rome-Liège.

André Pilette (1918-1993)

Né le 6 octobre 1918 à Paris (F), mort le 27 décembre 1993 à Etterbeek à 75 ans.

9 GP disputés entre 1951 et 1964

Meilleur classement : 5^e

2 points marqués en championnat

André Pilette n'a que 3 ans à la mort de son père, Théodore Pilette, importateur belge des Mercedes-Benz puis des Bugatti ; lui-même pilote, il s'était notamment illustré en se classant cinquième aux 500 Miles d'Indianapolis 1913.

Après quelques courses locales, André dispute son premier grand prix à Spa en 1951, au volant d'une Talbot-Lago de l'Écurie Belgique, et y signe une belle sixième place. Deux accidents l'éloignent des circuits en 1952. Il revient à Spa en 1953 sur une modeste Connaught (11e et dernier).

Amédée Gordini lui propose un volant pour trois courses de championnat, en 1954. C'est dans son grand prix national qu'il réalise son meilleur classement (5e) et inscrit deux points. Hors championnat, il se classe second à Chimay puis à Cadours.

En 1956, André Pilette court encore trois grands prix officiels, deux pour Gordini ainsi que le Grand Prix de Belgique pour la *Scuderia* Ferrari. À deux reprises, il se classe sixième. En Allemagne, il se blesse sérieusement lors des essais et se tient en retrait des circuits durant deux ans.

Au Grand Prix d'Italie 1961, l'Emeryson de l'Équipe Nationale Belge, trop lente, ne lui permet pas de s'aligner au départ. De même, en 1963, au volant d'une Lotus privée, André Pilette échoue à se qualifier en Allemagne et en Italie.

En 1964, il revient pour une ultime apparition en F1, au volant d'une Emeryson modifiée et rebaptisée Scirocco par l'Américain Hugh Powell. Il essuie une non-qualification en Allemagne et deux forfaits, en Italie et à Monaco. Dans le Grand Prix de Belgique, le seul dont la Scirocco parvient à prendre le départ, André Pilette doit se contenter du dernier temps des qualifications et d'un abandon sur panne moteur dès le dixième tour.

Hors F1, André Pilette participe quatre fois aux 24 Heures du Mans, en 1954 dans l'équipe Gordini puis en 1959, 1960 et 1961 sur des Ferrari du North American Racing Team. Associé à Ricardo Rodriguez, il monte sur la deuxième marche du podium en 1960.

Il est le père de Teddy Pilette.

Olivier Gendebien (1924-1998)

Né le 12 janvier 1924 à Bruxelles, mort le 2 octobre 1998 aux Baux-de-Provence (F) à 74 ans.

14 GP disputés entre 1956 et 1961

2 podiums (2e au GP de France 1960, 3e au GP de Belgique 1960)

3 tours en tête (GP de Belgique 1961)

18 points marqués en championnat

Recordman des 24 Heures du Mans jusqu'à ce que ses quatre victoires soient battues par son compatriote Jacky Ickx, Olivier Gendebien possède un remarquable palmarès en endurance (12 Heures de Sebring 1959, 1960 et 1961, 12 Heures de Reims 1957 et 1958 avec Paul Frère, 1000 Km de Paris 1961 avec Lucien Bianchi, 1000 Km du Nürburgring 1962, Targa Florio 1958, 1961 et 1962) ainsi qu'en rallye (Boucles de Spa, Rallye des Tulipes, Liège-Rome-Liège, Tour de France automobile 1957, 1958 et 1959, champion de Belgique des rallyes 1954 et 1955).

C'est d'ailleurs en copilote de rallye qu'Olivier Gendebien découvre le sport automobile, lorsqu'il travaille en Afrique, dans ce qui est alors le Congo belge. De retour en Europe, il débute sur circuit par la Formule 2, en 1952. Ferrari remarque sa cinquième place au Mans 1955, sur une Porsche 550 de l'Écurie Nationale Belge, et l'engage.

La *Scuderia* le fait débuter en F1 en 1956. Dès sa première course dans cette catégorie, le Grand Prix d'Argentine, Olivier Gendebien entre dans les points en se classant cinquième. Ses participations demeurent toutefois occasionnelles, à raison de deux ou trois grands prix par an, Ferrari privilégiant l'engagement du pilote belge sur des épreuves d'endurance, où il fait merveille.

En 1960, le Yeoman Credit Racing Team confie à Olivier Gendebien le volant d'une révolutionnaire Cooper T51 à moteur arrière. Dès sa première course à son volant, à Spa, le champion belge s'offre un podium à domicile (3ᵉ), suivi d'un autre (2ᵉ) lors du grand prix suivant, à Reims. La fin de saison est moins brillante mais Gendebien est classé sixième du Championnat du monde, grâce aux points engrangés.

Son aventure en F1 ne va pas au-delà de la saison 1961, où il se classe quatrième à Spa pour son unique grand prix sur Ferrari, puis modestement onzième aux États-Unis sur une Lotus privée.

Au sommet de sa gloire, il prend sagement sa retraite de coureur à l'issue de la saison 1962 et s'installe en Provence, non loin de chez son ami Maurice Trintignant.

Jacques Swaters (1926-2010)

Né le 30 octobre 1926 à Woluwé-Saint-Lambert, mort le 10 décembre 2010 à Bruxelles à 84 ans.

7 GP disputés entre 1951 et 1954

Meilleur classement : 7^e

Jacques Swaters se lance dans le sport automobile en 1948, année où il partage avec Paul Frère le pilotage d'une MG aux 24 Heures de Spa. Deux ans plus tard, il court en F2 et participe à la fondation de l'Écurie Belgique.

En 1951, le volant de la Talbot-Lago de l'équipe est libre à la suite d'un accident où André Pilette a été blessé. Jacques Swaters débute ainsi en F1 au Grand Prix d'Allemagne, où il termine dixième et dernier. En Italie, il est trahi par sa mécanique.

Il ne court que le Grand Prix des Frontières, hors championnat, en 1952, et fonde l'Écurie Francorchamps avec une voiture construite par son ami Enzo Ferrari. En 1953 et 1954, il pilote la Ferrari 500 de l'Écurie Francorchamps sur six courses de championnat. Jacques Swaters signe son meilleur résultat sur le Nürburgring, en 1953, où il finit septième, derrière Stirling Moss mais devant le champion en titre Alberto Ascari.

C'est en F2, lors des Courses de l'Avus 1953, qu'il remporte sa principale victoire en monoplace. Avec l'Écurie Francorchamps, Jacques Swaters signe la troisième place aux 24 Heures du Mans 1955, associé à Johnny Claes sur une Jaguar D.

Sa dernière incursion en F1 consiste à modifier une Emeryson, qu'il rebaptise ENB (Équipe Nationale Belge) et qu'il confie à Lucien Bianchi au Grand Prix d'Allemagne 1962, sans convaincre. L'expérience ne se prolonge pas.

Charles de Tornaco (1927-1953)

Né le 7 juin 1927 à Bruxelles, mort le 18 septembre 1953 à Modène (I) à 26 ans.

2 GP disputés en 1952

Meilleur classement : 7e

Le baron Charles de Tornaco est le fils de Raymond de Tornaco, vainqueur en 1922, au volant d'une Impéria-Abadal, du premier Grand Prix de Belgique organisé à Spa-Francorchamps et troisième des 24 Heures du Mans 1923.

Son grand ami Jacques Swaters l'invite à courir avec la jeune Écurie Belgique aux 24 Heures de Spa 1949.

En 1952, Charles de Tornaco débute en F1 au Grand Prix de Belgique, au volant de la Ferrari 500 de l'Écurie Francorchamps, où il décroche une prometteuse 7e place. Aux Pays-Bas, un problème de soupape le contraint à l'abandon. Il s'engage encore dans les Grands Prix d'Italie 1952 et de Belgique 1953 mais, dans les deux courses, ne parvient pas à se qualifier.

Associé à Roger Laurent, il se classe neuvième aux 24 Heures du Mans 1953. Trois mois plus tard, lors d'essais privés sur le circuit de Modène, la Ferrari de Charles de Tornaco se retourne. Faute d'ambulance et de médecin sur place, le jeune pilote meurt alors qu'il est transporté vers l'hôpital dans une voiture réquisitionnée à la hâte.

Willy Mairesse (1928-1969)

Né le 1er octobre 1928 à Momignies, mort le 2 septembre 1969 à Ostende à 40 ans.

12 GP disputés entre 1960 et 1963

1 podium (3e au GP d'Italie 1960)

3 tours en tête (GP de Belgique 1962)

7 points marqués en championnat

Fils d'un exploitant forestier, Willy Mairesse vient à la compétition, guidé par la passion et le hasard. Timide et renfermé, il lui faut un volant pour s'exprimer.

Il se révèle en 1956 en remportant Liège-Rome-Liège au volant d'une Mercedes 300SL. Deux ans plus tard, il se fait remarquer aux 12 Heures de Reims où il termine deuxième sur une Ferrari. Toujours sur Ferrari, il gagne en 1960 le Tour de France auto, exploit qu'il renouvelle en 1961, terminant également deuxième des 24 Heures du Mans.

Ce brillant palmarès lui ouvre les portes de la Formule 1. « C'est mon meilleur pilote d'essai », écrit de lui Enzo Ferrari dans ses *Mémoires*. Pour le compte de la *Scuderia*, Willy Mairesse signe, dès son troisième grand prix, l'unique podium de sa carrière en terminant troisième du Grand Prix d'Italie 1960. Les neuf grands prix qu'il dispute encore de 1961 à 1963 ne lui permettent qu'une seule fois de se classer à nouveau dans les points (4e à Monza en 1962).

Willy Mairesse se montre rapide mais aussi victime de nombreux accidents. Ce garçon « doué d'un grand talent, mais trop téméraire, veut brûler les étapes », estime alors Maurice Trintignant. Lors de sa dernière course en F1, en 1963 sur le terrible circuit du Nürburgring, sa voiture se renverse, une roue arrachée tue un jeune secouriste de la Croix Rouge et le pilote belge est lui-même sévèrement brûlé.

C'est dans le premier tour des 24 Heures du Mans 1968 que Willy Mairesse subit un dernier accident dont il ne se remettra jamais complètement. Selon la procédure du départ en épi, les pilotes courent alors dans leur voiture et démarrent sans prendre le temps de se sangler. Mal fermée, la portière de sa Ford GT40 s'ouvre brutalement dans la ligne droite des Hunaudières. En tentant de la rattraper à pleine vitesse, le champion belge perd le contrôle et s'écrase contre les arbres. Blessé notamment au crâne, il est plongé pendant deux semaines dans le coma. Incapable de reconduire, il se donne la mort un an plus tard.

Révolté par cet accident, son compatriote Jackie Ickx refuse de jouer le jeu et prend le départ des 24 Heures du Mans 1969 en marchant, démarrant bon dernier après s'être soigneusement attaché, ce qui ne l'empêchera pas de remporter l'épreuve ! Dès l'année suivante, les organisateurs de l'épreuve d'endurance réforment leur procédure pour donner le départ avec les pilotes à bord de leurs voitures.

André Milhoux (né en 1928)

Né le 9 décembre 1928 à Bressoux.

1 GP disputé en 1956

Natif de la province de Liège, André Milhoux se destine davantage à la mécanique qu'au pilotage. Toutefois, il ne dédaigne pas prendre le volant des belles mécaniques qu'il prépare et qu'il répare.

Ainsi, à 25 ans, il court en compagnie de Paul Frère, sur de grosses berlines américaines. Ensemble, en 1956, ils dominent la catégorie 2 litres dans le championnat de Belgique de voitures de tourisme et signent une victoire de classe lors des Mille Miglia.

En 1956, on retrouve André Milhoux au départ des 24 Heures du Mans, sur une Gordini qu'il partage avec Charles Rinen ; une panne d'essence les stoppe autour de minuit. Deux mois plus tard, c'est également au volant d'une Gordini qu'il s'engage dans l'unique grand prix de Formule 1 de sa courte carrière, au Nürburgring ; son moteur le lâche au 15e tour, alors qu'il navigue en avant-dernière position.

Deux ans plus tard, il s'entraîne en vue du Grand Prix de Belgique avec la Ferrari 801 de l'Équipe Nationale Belge lorsqu'il est victime d'un grave accident. Il préfère alors se retirer définitivement de la compétition.

Lucien Bianchi (1934-1969)

Né le 10 novembre 1934 à Milan (I), mort le 30 mars 1969 au Mans (F) à 34 ans.

17 GP disputés entre 1960 et 1968

1 podium (3e au GP de Monaco 1968)

6 points marqués en championnat

Pour suivre en Belgique le pilote Johnny Claes, dont il est l'un des mécaniciens, le père de Lucien Bianchi et toute sa famille italienne déménagent et changent de nationalité en 1950. Deux ans plus tard, Lucien débute en sport automobile comme copilote de Claes en rallye. Il remporte quatre fois le Tour de France automobile, associé à Olivier Gendebien (1957, 1958, 1959) puis à Georges Berger (1964), ainsi que le marathon Liège-Sofia-Liège (1961).

Lucien Bianchi marque un point en terminant sixième (et dernier) du Grand Prix de Belgique 1960, sur une Cooper-Climax de l'Équipe Nationale Belge. Épisodiquement, jusqu'en 1965, il court neuf autres grands prix pour différentes écuries privées, mais sans retrouver le même succès. À l'exception de 1964, il prend chaque année le départ du Grand Prix de Belgique.

Il faut attendre 1968 pour que Lucien Bianchi dispose d'un volant d'usine en F1, chez Cooper. Au Grand Prix de Monaco, sa constance lui permet de figurer parmi les cinq pilotes rescapés à l'arrivée ; il signe là son meilleur résultat en montant sur la troisième marche du podium. Il marque encore un point à Francorchamps, mais sa fin de saison n'est faite que d'abandons. Il ne pilotera plus en monoplace.

C'est en endurance que le palmarès de Lucien Bianchi est le plus prestigieux, avec des succès aux 1000 Km de Paris avec Olivier

Gendebien (1960), aux 12 Heures de Sebring avec Jo Bonnier (1962), aux 500 Km du Nürburgring avec son frère Mauro Bianchi (1965), aux 6 Heures du Nürburgring avec Jean Rolland (1967), aux 6 Heures de Watkins Glen avec Jacky Ickx (1968) et, couronnement de sa carrière, aux 24 Heures du Mans avec Pedro Rodriguez (1968).

Fin mars 1969, lors des essais préparatoires des 24 Heures du Mans, l'Alfa 33/3 de Lucien Bianchi est aux prises avec un capot arrière qui a une fâcheuse tendance à se détacher. Au bout de la longue ligne droite des Hunaudières, le pilote perçoit un problème et veut se ranger sur le bas-côté, mais sa voiture lui échappe, percute un poteau et s'embrase, tuant le champion belge.

Teddy Pilette (né en 1942)

Né le 26 juillet 1942 à Bruxelles.

1 GP disputé en 1974

Meilleur classement : 17^e

Fils d'André Pilette, son prénom est en réalité Théodore, comme son illustre grand-père qui se forgea un beau palmarès à l'aube de la Première Guerre mondiale.

C'est en voitures de tourisme et de sport que Teddy Pilette s'illustre, remportant les 500 Km du Nürburgring en 1963, le championnat belge de voitures de sport en 1965 ou encore les 24 Heures de Spa 1978.

Dans les années soixante-dix, il se spécialise en Formule 5000 et décroche deux titres de champion d'Europe de cette discipline, en 1973 et 1975.

À l'occasion du Grand Prix de Belgique 1974, il loue une vieillissante Brabham BT 42 qu'il qualifie devant la voiture jumelle de Gérard Larrousse. Mais, en course, elle ne lui permet d'obtenir que l'avant-dernière place.

En fin de saison 1977, l'écurie britannique BRM, à l'agonie, lui confie sa catastrophique P 207. Teddy Pilette ne parvient jamais à la qualifier en course. Aucun des autres pilotes s'étant succédé à son volant depuis le début d'année n'y était parvenu, à l'exception de Larry Perkins qui avait pu prendre le départ au Brésil… pour tomber en panne au bout d'un tour !

Le pilote belge renonce à la F1 après une saison 1978 vierge dans le championnat britannique Aurora.

Jacky Ickx (né en 1945)

Né le 1er janvier 1945 à Ixelles.

144 GP disputés entre 1967 et 1979

8 victoires
- 1968 : France
- 1969 : Allemagne, Canada
- 1970 : Autriche, Canada, Mexique
- 1971 : Pays-Bas
- 1972 : Allemagne

25 podiums

13 pole positions

14 meilleurs tours en course

529 tours en tête

181 points marqués en championnat

Attention, pilote mythique ! Si un seul homme devait incarner l'ensemble du sport automobile belge, ce serait certainement Jacky Ickx.

Fils du journaliste et pilote Jacques Ickx qui remporta le terrible Liège-Rome-Liège en 1951 associé à Johnny Claes, frère de l'aviateur et pilote Pascal Ickx qui gagna les 24 Heures de Spa en 1965 — juste un an avant Jacky — il ne pouvait échapper à la destinée familiale.

Monument de l'endurance, ses six victoires lui valurent le surnom de « *Monsieur Le Mans* » jusqu'à ce que son record soit battu par le Danois Tom Kristensen. Plus emblématique encore, c'est le jeune Jacky Ickx (24 ans alors) qui fit réformer le mode de départ en épi des célèbres 24 Heures ; en 1969, pour protester contre le fait que les coureurs sautaient dans leur voiture et démarraient sans prendre le temps de s'attacher — ce qui avait valu d'irrémédiables blessures à son compatriote Willy Mairesse en 1968 — il traversa tranquillement la piste, boucla soigneusement son harnais, s'élança bon dernier… et gagna la course le lendemain !

En voitures de tourisme, en rallye, en CanAm, en raid, le champion belge s'est forgé un palmarès également impressionnant qui ferait presque oublier que ses premières années de gloire eurent pour théâtre la Formule 1.

1967 : Une F2 parmi les F1

Il réalise son premier coup d'éclat en grand prix au volant d'une… Formule 2 ! En 1967, afin de compléter un maigre plateau d'une vingtaine de F1, le circuit allemand du Nürburgring accepte la présence de sept F2. Jacky Ickx pilote ainsi une petite Matra-Ford engagée par Ken Tyrrell.

Sensation lors des qualifications : il signe le troisième temps absolu des monoplaces, seulement devancé par les F1 de Jim Clark et Denny Hulme. Une F2 est certes plus légère de quelque 85 kg, mais sa cylindrée se limite à 1 600 cm^3 contre 3 litres pour les F1.

En course, le jeune Belge bataille avec Jack Brabham et Chris Amon pour la quatrième place lorsque sa suspension se brise à trois tours de l'arrivée.

L'exploit n'est pas passé inaperçu car, un mois plus tard, Cooper lui offre un vrai volant de F1. Jacky Ickx débute ainsi dans la catégorie reine à Monza et, dès sa première course, il s'octroie le point de la sixième place.

1968 : La joie et les larmes

Enzo Ferrari engage le petit prodige pour la saison 1968. Devant son public, à Spa-Francorchamps, il découvre les joies du podium en grimpant sur la troisième marche.

Le 7 juillet, à Rouen, Jacky rit et Jacky pleure. Il a choisi de monter des pneus pluie et, peu après le départ, le ciel qui menaçait crève et inonde la piste. La Ferrari domine la course et s'impose avec près d'un tour d'avance sur le deuxième, John Surtees. Hélas, à l'arrière du peloton, la piste glissante a piégé le Français Jo Schlesser, qui débutait en F1 ; au troisième tour, sa Honda a quitté la piste, les 200 litres d'essence se sont enflammés et le pilote n'a pu s'extraire du brasier. Jacky Ickx se rend sur le lieu du drame pour y déposer la gerbe de fleurs de sa première victoire en grand prix.

À nouveau sur le podium en Grande-Bretagne et en Italie, auteur de sa première pole position en Allemagne, il se classe quatrième de la saison 1968, loin devant son équipier chez Ferrari, Chris Amon, dixième.

1969 : Derrière l'intouchable Stewart

C'est sur une Brabham-Ford que le jeune pilote choisit de courir l'année suivante. Bonne pioche, car les voitures de la *Scuderia* sont dépassées. La monoplace imbattable, c'est la Matra-Ford de Jackie Stewart, titré en ayant gagné six des onze courses de la saison.

1969, c'est l'année d'une épique bagarre pour la deuxième place à Charade, entre Jean-Pierre Beltoise et Jacky Ickx, le Français coupant la ligne d'arrivée deux dixièmes de seconde avant son ami belge.

Autre duel palpitant, le mois suivant sur le Nürburgring : Stewart et Ickx se disputent âprement le commandement. Par deux fois, la

Brabham dépasse la Matra ; par deux fois, l'Écossais reprend l'avantage sur le Belge. L'affaire est entendue à la mi-course, quand la boîte de vitesse de Stewart devient capricieuse, laissant Jacky Ickx filer et cueillir les lauriers de sa deuxième victoire en F1.

Une nouvelle bagarre entre les deux hommes tourne court au Canada, sur le circuit de Mosport. Leurs deux voitures, en tête, abordent côte à côte un virage, après avoir dépassé un retardataire. Les roues se frottent à peine, juste de quoi déstabiliser la Matra qui part en tête-à-queue et ne peut redémarrer. Vainqueur mais penaud, Ickx ira s'excuser auprès de Stewart après l'arrivée.

Le Belge termine solide deuxième du championnat, derrière l'intouchable Écossais.

1970 : Retour gagnant à la *Scuderia*

Convaincu du potentiel de la nouvelle Ferrari 312B, Jacky Ickx est de retour à Maranello pour la saison 1970. En outre, il y bénéficie du statut de premier pilote, alors qu'il devait forcément se contenter du second rôle dans l'écurie du constructeur et pilote néo-zélandais Jack Brabham.

En début d'année, la fiabilité n'est pas au rendez-vous. À Charade, la pole position et la course en tête s'évanouissent avec la casse d'une soupape.

Lors du Grand Prix d'Allemagne, disputé pour la première fois à Hockenheim, le duel est intense entre Jacky Ickx et Jochen Rindt, dont la nouvelle Lotus est invaincue depuis ses débuts aux Pays-Bas. En outre, la *Scuderia* a récemment engagé un second pilote prometteur, le Suisse Clay Regazzoni, qui vient titiller les hommes de tête. La course change quatorze fois de leader en cinquante tours : sept fois Rindt, six fois Ickx, une fois Regazzoni. L'Autrichien ignore qu'il remporte là son dernier succès ; il rencontrera la mort un mois plus tard, durant les essais du Grand Prix d'Italie.

La fin de saison est rouge Ferrari, avec trois succès de Ickx ; il mène de bout en bout en Autriche et au Mexique, il profite de la panne de Stewart au Canada. Regazzoni signe en Italie sa première victoire.

Néanmoins, les cinq succès accumulés par Jochen Rindt avant son accident fatal ne permettent à personne de le devancer. L'Autrichien devient le seul champion du monde à titre posthume, avec cinq points d'avance sur Jacky Ickx.

1971 : Quelques points et puis s'en va

Les grands prix européens de l'année 1971 débutent particulièrement bien pour le pilote belge.

Sur le tourniquet urbain de Barcelone, sa Ferrari est créditée de la *pole position* et du meilleur tour en course. Du début à la fin de ce grand prix d'Espagne, la monoplace rouge demeure collée derrière la nouvelle Tyrrell de Stewart, sans toutefois parvenir à la dépasser. Les autres concurrents sont loin derrière.

À Monaco, un jeune Suédois, Ronnie Peterson, se fait un nom en intercalant sa March entre les deux protagonistes de Barcelone.

Comme un poisson dans l'eau sous la pluie néerlandaise de Zandvoort, Jacky Ickx signe un *hat trick* (*pole position*, meilleur tour en course, victoire), seulement menacé par la BRM de Pedro Rodriguez. Tous leurs adversaires accusent au moins un tour de retard. Stewart est trahi par sa mécanique.

À ce stade, l'Écossais est en tête du championnat avec 24 points et le Belge deuxième avec 19 points. Stewart dominera la saison et totalisera 69 points ; dépassé par Peterson et Cevert, Ickx finira quatrième, toujours avec ses 19 points.

Pourquoi le pilote Ferrari n'a-t-il plus marqué le moindre point sur les sept dernières courses de l'année ? Moteur, pression d'huile, sortie de piste, bougies, transmission et fuite d'huile sont les causes d'autant d'abandons. Au Canada, la tenue de route calamiteuse des voitures rouges ne lui donne accès qu'à une insignifiante huitième place.

1972 : La dernière victoire

La saison suivante, la 312B2 est parfaitement au point, comme en témoignent les quatre *pole positions* obtenues par Jacky Ickx à Jarama, à Brands-Hatch, au Nürburgring et à Monza. La fiabilité s'est améliorée puisque, sur l'ensemble des douze courses, il ne totalise plus que quatre pannes mécaniques. Deux d'entre elles, toutefois, le privent de succès assurés, alors qu'il domine les grands prix de Grande-Bretagne et d'Italie.

L'autre difficulté, c'est que les autres constructeurs ont beaucoup progressé et alignent des monoplaces très performantes : la Lotus d'Emerson Fittipaldi, la Tyrrell de Jackie Stewart et la McLaren de Denny Hulme. En outre, sous la pluie diluvienne de Monaco, le Belge trouve sur son chemin la BRM d'un étonnant Jean-Pierre Beltoise.

Au bout du compte, seul le Grand Prix d'Allemagne sourit à Jacky Ickx, qui domine outrageusement tout le monde sur son circuit fétiche du Nürburgring. Il ignore qu'il signe là son dernier succès en F1.

Il finit la saison à la quatrième place du championnat.

1973 : Divorce à l'italienne

L'année suivante, Jacky Ickx refuse une offre de Lotus et préfère rester chez Ferrari. Mauvaise pioche ! La *Scuderia* fait débuter lors des grands prix européens une 312B3 trop lourde et confrontée à d'insurmontables problèmes de tenue de route. Jusqu'à l'été, les pilotes vivent une véritable galère, qualifiés et classés en milieu de peloton.

L'écurie de Maranello boit le calice jusqu'à la lie en déclarant forfait aux Pays-Bas et en Allemagne, faute de pouvoir aligner une monoplace performante. Le pilote belge et l'équipe italienne divorcent à l'amiable. Une seule voiture rouge finit la saison, aux mains d'Arturo Merzario qui ne réalisera pas de miracles.

Jacky Ickx fait taire certaines mauvaises langues qui le disent moins jeune et en manque de motivation : sur son cher Nürburgring, il pilote exceptionnellement une troisième McLaren officielle qu'il mène jusqu'à la troisième place, loin devant les pilotes titulaires Peter Revson et Denny Hulme. C'est son unique podium de la saison.

Au Grand Prix des États-Unis, une dernière pige sur une modeste Iso de Franck Williams s'achève en septième position, à la porte des points. Les pilotes officiels n'avaient jamais fait mieux que sixièmes sur l'ensemble de la saison.

1974—1975 : Le blues de Lotus

Jacky Ickx quitte ainsi une *Scuderia* Ferrari dans le creux de la vague pour répondre enfin à l'appel du Team Lotus, tenant du titre constructeur. Hélas, ces deux écuries inversent les rôles : durant la saison 1974, Niki Lauda et Clay Regazzoni font renouer les bolides rouges avec le succès, tandis que l'équipe anglaise favorise comme à son habitude son premier pilote, Ronnie Peterson, au détriment du second, Jacky Ickx. Cette année-là, le Suédois remporte trois grands prix, alors que le Belge n'accède qu'à deux reprises à la troisième marche du podium.

En 1975, c'est bien pire. Aucun des deux pilotes Lotus ne gagne la moindre course. L'unique podium de l'écurie est l'œuvre de Jacky Ickx, qui se trouve deuxième du confus Grand Prix d'Espagne lorsque celui-ci est interrompu par le grave accident de Rolf Stommelen, dans lequel cinq spectateurs sont tués. Galvanisé par son succès aux 24 Heures du Mans et désespéré de conduire une F1 vieille de cinq ans, le pilote belge quitte Lotus au soir du Grand Prix de France, afin de se consacrer prioritairement aux courses d'endurance.

1976—1978 : Des piges sans saveur

Début 1976, Franck Williams convainc Jacky Ickx de piloter une ancienne Hesketh 308C rebaptisée Williams FW05 et sponsorisée par Walter Wolf. L'échec est total. Le champion belge subit même l'affront de ne pas se qualifier à Long Beach, à Zolder, à Monaco et à Brands-Hatch. Il quitte le navire à la mi-saison.

Pour les dernières courses de l'année, il remplace Chris Amon dans le baquet de l'Ensign. Il n'y gagne qu'une terrible frayeur et des blessures aux jambes, à Watkins Glen, où il sort miraculeusement vivant d'une monoplace coupée en deux en ayant percuté le rail de face.

En 1977, Jacky Ickx ne doit pas piloter en F1. S'il se trouve à Monaco, c'est seulement en spectateur. Mais Clay Regazzoni, qui conduit désormais pour Ensign, quitte rapidement la principauté pour tenter d'aller se qualifier à Indianapolis. L'écurie propose au débotté son volant à Ickx, pour ce seul grand prix. Il accepte et mène la voiture à la dixième place.

Le pilote belge retrouve Ensign pour trois grands prix de 1978 qui se soldent par deux pannes et une douzième place.

1979 : La surprise Ligier

Cette fois, il est dit que Jacky Ickx n'a plus vocation à revenir en Formule 1. C'est sans compter sur la malchance de Patrick Depailler. Le Français et son équipier Jacques Laffite effectuent un début de saison tonitruant au volant de la nouvelle Ligier JS11. Ils remportent trois des cinq premières courses de la saison 1979. Début juin, Depailler se blesse gravement aux jambes dans un accident de parapente. Pour le remplacer, Guy Ligier hésite entre les anciens champions Emerson Fittipaldi et James Hunt ou le très jeune Alain Prost, avant de faire appel à Jacky Ickx.

Passée la mi-saison, la monoplace bleue a malheureusement perdu de son efficacité aérodynamique. Lors des huit derniers grands prix de l'année, Laffite ne signe que trois troisièmes places, tandis que Ickx marque un point en Grande-Bretagne et deux aux Pays-Bas.

Sous la pluie des États-Unis, l'ultime course s'achève en queue de poisson pour l'écurie française : à un tour d'intervalle, ses deux pilotes sortent et abandonnent dans le même virage.

Jacky Ickx quitte définitivement le monde de la monoplace en figurant une dernière fois au classement du Championnat du monde des pilotes, à une modeste mais inattendue dix-septième place.

Après la course

C'est sur le bord des circuits de F1 qu'on retrouve ensuite le champion belge, notamment comme directeur de course du Grand Prix de Monaco.

En 1984, une pluie diluvienne perturbe l'épreuve déjà émaillée de multiples accidents. Quand Jacky Ickx décide d'ordonner l'arrêt des voitures, la modeste Toleman d'Ayrton Senna remonte comme une balle sur la McLaren du leader, Alain Prost. Le Brésilien crie qu'on lui a volé la victoire. Les autres pilotes sont partagés. Ickx se défend : « J'ai préféré arrêter la course un tour trop tôt qu'un tour trop tard, les conditions de piste étant devenues trop dangereuses. » Triste épilogue d'une belle carrière, il fait les frais du conflit qui oppose la Fédération internationale du sport automobile à l'Automobile Club de Monaco ; la FISA démet Jacky Ickx de ses fonctions de directeur de course.

Il raccroche le casque à l'issue de la saison d'endurance 1985. Entre 2001 et 2011, Jacky Ickx suit de près les sept participations de sa fille, Vanina, pilote confirmée, aux 24 Heures du Mans.

Loin des rugissements des moteurs, au Mali, il finance la construction de forages pour pallier le manque d'eau des habitants.

Patrick Nève (1949-2017)

Né le 13 octobre 1949 à Liège, mort le 12 mars 2017 à Bruxelles à 67 ans.

10 GP disputés entre 1976 et 1977

Meilleur classement : 7^e

Descendant de la famille Nève de Mévergnies, originaire du Hainaut, Patrick Nève gravit les échelons de la monoplace en passant par la Formule Ford, la F3 puis la F2.

Il débute en F1 en 1976 à Zolder, en louant une modeste Brabham du RAM Racing dont la transmission lâche au 24e tour. Au Grand Prix de France, il remplace Chris Amon, blessé, au volant de l'Ensign et finit dernier.

Franck Williams lui confie une March 761 pour disputer la saison 1977. Il essuie trois non-qualifications et récolte des classements anonymes en fin de peloton, la meilleure étant sa septième place à Monza. Reconnaissons-lui un grand respect de la mécanique, car il termine toutes ses courses, à l'exception d'une unique panne au Canada.

En 1978, Patrick Nève veut disputer son grand prix national à Zolder, mais la March privée qu'il comptait engager n'est pas prête à temps et il doit déclarer forfait.

En 1980 et 1982, il dispute deux éditions des 24 Heures du Mans.

Thierry Boutsen (né en 1957)

Né le 13 juillet 1957 à Bruxelles.

163 GP disputés entre 1983 et 1993

3 victoires :
- 1989 : Canada, Australie
- 1990 : Hongrie

15 podiums

1 pole position (Hongrie 1990)

1 meilleur tour en course (Allemagne 1990)

164 tours en tête

132 points marqués en championnat

Thierry Boutsen est le pilote belge ayant disputé le plus grand nombre de grands prix de F1. Lui-même (3 victoires) et Jacky Ickx (8 victoires) sont les seuls à avoir fait retentir « La Brabançonne » sur la plus haute marche d'un podium. Ils sont également les seuls Belges à avoir signé une pole position et un meilleur tour en course.

Issu de l'école de pilotage d'André Pilette à Zolder, Thierry Boutsen se met en évidence en Formule Ford en 1978, puis les deux saisons suivantes en F3. En 1981, il est vice-champion d'Europe de F2 et effectue des débuts dramatiques au Mans ; il sort indemne d'un accident à pleine vitesse dans les Hunaudières, mais sa voiture a tué un commissaire de piste.

1983—1988 : Débuts chez Arrows, podiums chez Benetton

L'écurie Arrows l'engage, à partir du Grand Prix de Belgique 1983, pour ses quatre premières saisons en F1. Au Grand Prix de Saint-Marin 1985, couru sur le circuit d'Imola, Thierry Boutsen signe son premier podium dans des conditions rocambolesques : sa monoplace tombe en panne d'essence juste avant la ligne d'arrivée et le pilote doit finir en la poussant pour assurer sa troisième place... qui se transformera en deuxième après la disqualification d'Alain Prost, arrivé premier mais avec une voiture trop légère.

En 1987 et 1988, le pilote belge rejoint l'écurie Benetton, avec laquelle il signe six troisièmes places et se classe quatrième du championnat, ce qui restera son meilleur résultat.

1989—1990 : Trois victoires avec Williams

La consécration intervient lors des deux saisons suivantes, au volant d'une Williams-Renault, durant lesquelles Thierry Boutsen remporte trois courses, contre une seule pour son coéquipier Riccardo Patrese. Au Canada 1989, sous les trombes d'eau qui inondent le circuit de Montréal et malgré un tête-à-queue sans conséquence au 33e tour, le pilote belge grimpe jusqu'à la deuxième place et voit la victoire lui tendre les bras à deux tours de l'arrivée, lorsque le moteur du leader, Ayrton Senna, part en fumée. Le soir même, il reçoit un télégramme du roi Baudouin, le félicitant pour la première victoire belge en F1 depuis dix-sept ans.

Cinq mois plus tard, en Australie, le déluge est encore pire sur Adélaïde. Boutsen fait partie des pilotes qui tentent de convaincre leurs collègues de refuser de courir dans de telles conditions. Un premier départ voit de nombreuses monoplaces finir sur l'herbe. La course est reportée d'une demi-heure. À la reprise, comme à Montréal, le pilote belge est deuxième derrière Senna, mais le Brésilien percute un attardé et abandonne. Calme et déterminé, Thierry Boutsen gère son avance sur ses poursuivants et glane son deuxième succès.

À la mi-saison 1990, à Budapest, les Williams-Renault sont transfigurées par un nouveau carburant mis au point par Elf. Boutsen signe l'unique pole position de sa carrière, juste devant son coéquipier Patrese. Le Belge part en tête et résiste jusqu'au bout à la pression des McLaren de Gerhard Berger puis d'Ayrton Senna. Cette troisième victoire n'infléchit pourtant pas la décision de Franck Williams de débarquer Boutsen à la fin de la saison pour le remplacer par Nigel Mansell.

1991—1993 : L'éclipse Ligier, l'épilogue Jordan

En 1991 et 1992, le pilote belge trouve asile chez Ligier, mais l'écurie française a perdu de sa superbe. Il leur faut attendre l'ultime course pour grappiller les maigres points d'une cinquième place, en Australie.

1993 est pire encore, chez Jordan, et Thierry Boutsen quitte la F1 à l'issue du Grand Prix de Belgique.

Parallèlement à la monoplace, le champion belge réussit de belles performances en endurance. Il remporte notamment les 24 Heures de Daytona 1985 et monte trois fois sur le podium des 24 Heures du Mans (2e en 1993, 3e en 1994, 2e en 1996). C'est d'ailleurs sur le circuit de la Sarthe qu'il est encore victime d'un accident à très haute vitesse, en 1999, qui le blesse à la colonne vertébrale et met un terme à sa carrière de pilote automobile.

Éric van de Poele (né en 1961)

Né le 30 septembre 1961 à Verviers.

5 GP disputés en 1991 et 1992

Meilleur classement : 9^e

Issu de la Formule Ford et de la F3, passé par les voitures de tourisme, Éric van de Poele débute en championnat du monde en 1991 dans une drôle d'écurie. Le riche Mexicain qui voulait porter la marque Lamborghini en F1 est en fuite, recherché par Interpol pour trafic de drogue. L'équipe est hâtivement vendue à un grand patron italien qui la rebaptise Modena Team. Sur l'ensemble de la saison, ses deux pilotes ne parviennent à se qualifier qu'à six reprises, cinq pour Nicola Larini et une pour Éric van de Poele. Pour le pilote belge, la désillusion est d'autant plus cruelle que, lors de son unique course, à Imola, il allait terminer cinquième lorsque sa monoplace tomba en panne d'essence dans le dernier tour.

La saison 1992 pouvait-elle être pire que la précédente ? Eh oui ! Après la disparition de Modena, Éric van de Poele atterrit dans la moribonde écurie Brabham, qui expirera avant la fin de l'année. Il ne peut se qualifier qu'une seule fois en dix grands prix et c'est pour terminer la course bon dernier. Quand l'équipe met la clé sous la porte, le pilote belge court trois épreuves dans le baquet d'une Fondmetal bien peu fiable.

Éric van de Poele tourne le dos à la F1 et retrouve enfin des voitures dignes de ce nom dans d'autres disciplines. Outre douze engagements aux 24 Heures du Mans — dont une troisième place sur Bentley en 2001 — il devient recordman des victoires aux 24 Heures de Spa grâce à ses cinq succès acquis en 1987, 1998, 2005, 2006 et 2008.

Bertrand Gachot (né en 1962)

Né le 23 décembre 1962 à Luxembourg (L).

47 GP disputés entre 1989 et 1995

Meilleur classement : 5^e

5 points marqués en championnat

La double nationalité franco-belge de Bertrand Gachot lui permet de figurer dans ces pages. Pour cette raison, on a parfois vu sur les cockpits son nom accompagné du drapeau européen, et non d'un drapeau national comme c'est traditionnellement le cas.

Il se lance dans le sport automobile en 1984 et, dès la saison suivante, remporte le championnat britannique de Formule Ford. En 1987, il est vice-champion britannique de F3, derrière Johnny Herbert. Suit une belle saison de F3000 marquée par une *pole position* et deux deuxièmes places.

L'écurie Onyx lui ouvre les portes de la F1 en 1989, hélas la monoplace n'est guère rapide. Bertrand Gachot essuie sept non-qualifications et participe à cinq grands prix, avec une douzième place pour meilleure récompense. Le divorce est consommé avant la fin de la saison et, pour les deux dernières courses, le Franco-Belge hérite d'une Rial qui ne franchit pas le stade des qualifications.

Pour 1990, ça n'est pas mieux. Il signe chez Coloni dont la monoplace ne parvient pas une seule fois à se qualifier, que ce soit avec le moteur Subaru ou avec le Ford Cosworth.

Tout s'arrange enfin début 1991. En endurance, c'est l'année où Bertrand Gachot gagne les 24 Heures du Mans, dans la mythique Mazda 787 à moteur rotatif. En F1, il entre dans une toute nouvelle écurie, Jordan, qui s'avère heureusement plus sérieuse que les précédentes. Malgré une fiabilité encore perfectible, elle offre ses premiers points au pilote, notamment grâce à une cinquième place à Montréal.

Hélas, un accrochage minime suivi d'une violente altercation avec un chauffeur de taxi à Londres conduit Bertrand Gachot pour deux mois dans les geôles britanniques. Pour le remplacer, au Grand Prix de Belgique, Eddie Jordan fait débuter un jeune Allemand encore inconnu, un certain Michael Schumacher. Lorsque le pilote franco-belge sort de prison, son baquet est occupé par Alessandro Zanardi et son contrat rompu. Il achève l'année en tentant sans succès de qualifier une Lola de l'écurie Larrousse en Australie.

C'est dans l'équipe rebaptisée Venturi mais toujours dirigée par Gérard Larrousse que Bertrand Gachot effectue la saison 1992. La fragile monoplace, propulsée par un moteur Lamborghini, voit rarement le drapeau à damier. C'est dans le plus prestigieux grand prix, à Monaco, que le Franco-Belge inscrit son unique point en obtenant une probante sixième place.

Sans volant l'année suivante, il revient en 1994 et 1995 dans l'éphémère écurie Pacific, qui totalise davantage de non-qualifications que de départs. La fiabilité est également douteuse puisque, sur seize courses disputées en deux ans, Bertrand Gachot renonce douze fois sur panne mécanique.

Il raccroche le casque après deux saisons japonaises en Super GT mais demeure proche du milieu de la F1. La marque de boisson énergétique qu'il rachète en 1998 devient sponsor de Force India puis de Racing Point F1 Team.

Philippe Adams (né en 1969)

Né le 19 novembre 1969 à Mouscron.

2 GP disputés en 1994

Meilleur classement : 16^e

Champion de Grande-Bretagne de Formule 3000 en 1993, Philippe Adams débute l'année suivante en F1 chez Lotus. C'est la dernière saison de l'écurie fondée par Colin Chapman, criblée de dettes et reléguée en fond de grille. Le pilote belge ne réalise pas de miracles à son volant lors des deux seuls grands prix de sa carrière : abandon au Grand Prix de Belgique, 16e et dernier au Grand Prix du Portugal.

Il dispute enfin quelques courses de voitures de tourisme en 1994 et 1995 avant de raccrocher le casque.

Jérôme d'Ambrosio (né en 1985)

Né le 27 décembre 1985 à Etterbeek.

20 GP disputés en 2011 et 2012

Meilleur classement : 13ᵉ

Issu du karting, Jérôme d'Ambrosio gravit tous les échelons de la monoplace et débarque en F1 en 2010, comme troisième pilote chez Virgin Racing. L'année suivante, il devient pilote titulaire de la modeste écurie. Condamné aux dernières lignes de la grille de départ et aux profondeurs du classement, le pilote belge est remercié à la fin de la saison.

Pilote d'essais pour Lotus en 2012, il participe à un unique grand prix, à Monza, en remplacement de Romain Grosjean, suspendu pour une course après avoir provoqué un carambolage au départ du Grand Prix de Belgique. Jérôme d'Ambrosio y signe ses meilleures performances en F1 : quinzième aux qualifications et treizième en course.

Depuis 2014, le pilote belge court en Formule E, chez Dragon Racing puis chez Mahindra. Il a déjà signé trois victoires dans cette discipline.

Stoffel Vandoorne (né en 1992)

Né le 26 mars 1992 à Courtrai.

41 GP disputés entre 2016 et 2018

Meilleur classement : 7^e

26 points marqués en championnat

Karting, F4, Formule Renault, GP2… Stoffel Vandoorne franchit avec application tous les paliers du sport automobile jusqu'à intégrer, plein d'espoir, la filière McLaren. Essayeur de 2014 à 2016, il se montre fidèle à la première équipe à lui avoir fait confiance et refuse une offre de la *Scuderia* Toro Rosso. Malheureusement, son arrivée en F1 coïncide avec une longue période de vaches maigres chez McLaren. Les dernières victoires remontent à 2012 et — on l'ignore encore — il faudra attendre 2021 pour y goûter à nouveau.

Début 2016, Fernando Alonso se casse une côte dans un accident à Melbourne. Il doit céder son baquet pour le Grand Prix de Bahreïn. Stoffel Vandoorne se qualifie devant son équipier Jenson Button puis, en course, il accroche le point de la dixième place. Il retourne néanmoins dans son rôle d'essayeur jusqu'à la fin de l'année.

La retraite de Button offre enfin au pilote belge la titularisation pour la saison 2017. Si Vandoorne n'a pas à rougir de la comparaison avec son prestigieux équipier Alonso, les McLaren-Honda ne sont ni les plus véloces ni les plus fiables du plateau. Comme meilleurs classements, l'Espagnol affiche une sixième place et le Belge deux septièmes positions. Ils sont respectivement quinzième et seizième du championnat.

Rebelote en 2018, cette fois avec une McLaren à moteur Renault. Les pannes sont assurément moins nombreuses, mais la vitesse n'est toujours pas au rendez-vous. Fernando Alonso devance un peu plus nettement Stoffel Vandoorne, qui finit encore la saison à la seizième place. Le patron de l'écurie veut de jeunes pilotes pour la saison suivante. L'aventure est terminée.

La Formule 1 n'a plus de pilote belge en grand prix depuis le 25 novembre 2018.

Stoffel Vandoorne a certes rejoint l'équipe Mercedes en qualité de pilote de développement, mais pas en course. Avec la firme allemande, il devient vice-champion de Formule E 2019-2020 et champion du monde 2021-2022. En endurance, pour sa première participation aux 24 Heures du Mans, il se classe troisième en 2019.

Les écuries

Vicomtesse de Walckiers

1 GP de championnat disputé en 1952

Pilotes : Toni Branca, Johnny Claes, Georges Berger, Paul Frère, André Pilette, Steven Watson, Robert O'Brien

Au début des années 1950, le nom de cette mystérieuse mécène issue de la noblesse anversoise figure plusieurs fois sur les feuilles d'engagement de courses hors championnat et d'une manche officielle. Si peu de documents témoignent de son implication dans le sport automobile qu'il faudra des trésors de patience à plusieurs confrères journalistes ou historiens pour reconstituer son parcours ; à ce jour, Pierre Haverland[1] est celui qui semble avoir rassemblé la documentation et les témoignages les plus fiables pour affirmer que la vicomtesse serait Marie-Louise de Walckiers, née en 1905 à Namur et ayant longtemps vécu à Mons.

Son intérêt pour les voitures de course serait né de sa rencontre passionnelle avec le pilote suisse Toni Branca. Il fut le premier à conduire une Simca-Gordini T15 qu'on retrouvera plus tard aux mains d'autres pilotes belges. La vicomtesse de Walckiers fait également courir une Maserati 4CLT/48.

En 1950 et 1951, Branca dispute six épreuves hors championnat et deux grands prix (10ᵉ à Spa 1950). En 1952, Johnny Claes est engagé au Grand Prix des Frontières (abandon), aux Coupes de l'Eiffel (forfait) et au Grand Prix de Modène (10ᵉ et dernier). Enfin, en 1953, la Vicomtesse de Walckiers engage Georges Berger au Grand Prix des Frontières (5ᵉ).

---

[1] « Autodiva » n° 20, 3ᵉ trimestre 2014

Dans d'autres épreuves, les nobles bolides sont occasionnellement confiés à Paul Frère, à André Pilette, au Britannique Steven Watson et à l'Américain Robert O'Brien.

Unique manche du Championnat du monde à laquelle se frotte la Vicomtesse de Walckiers, le Grand Prix d'Italie 1952 voit Johnny Claes recalé au stade des qualifications.

Écurie Belge

21 GP disputés entre 1950 et 1953

Meilleur classement : 7e

Pilotes : Johnny Claes (1949 à 1953), Paul Frère (1952), André Pilette (1952 et 1953)

L'Écurie Belge est créée par Johnny Claes lorsqu'il débute en compétition. Il achète une Talbot-Lago T26C de Formule 1, la peint en jaune et engage comme mécanicien le père de Lucien Bianchi, qui émigre d'Italie avec toute sa famille.

Dès sa première saison, en 1949, il goûte aux joies du podium en signant deux encourageantes troisièmes places (Grand Prix de Paris et Grand Prix des Frontières).

Puis Johnny Claes dispute avec cette voiture les deux premiers championnats mondiaux, où il échoue à la porte des points, obtenant pour meilleurs résultats deux septièmes places (Monaco 1950 et Belgique 1951).

En 1952, l'Écurie Belge fait courir une Simca-Gordini T15, sans briller davantage.

Nouveau changement de monture l'année suivante, avec une Connaught-Lea Francis qui ne permet toujours pas au pilote belge de grimper plus haut dans la hiérarchie.

Paul Frère et André Pilette font des apparitions sporadiques dans l'écurie.

En 1955, Johnny Claes, souffrant, fusionne l'Écurie Belge avec l'Écurie Francorchamps, donnant naissance à l'Écurie Nationale Belge (ENB).

Écurie Belgique

5 GP disputés en 1951

Meilleur classement : 6^e

Pilotes : Guy Mairesse, André Pilette, Jacques Swaters, Roger Laurent

Presque homonyme de la précédente, l'Écurie Belgique naît en 1951 de l'association de quatre pilotes belges : Jacques Swaters, Charles de Tornaco, André Pilette et Roger Laurent. Eux aussi font l'acquisition d'une Talbot-Lago T26C.

La monoplace est alignée sur cinq des grands prix du championnat 1951, pilotée deux fois par le Français Guy Mairesse, deux fois par Jacques Swaters et une fois par André Pilette. C'est ce dernier qui en tire le meilleur parti en se hissant à la sixième place, devant le public de Spa-Francorchamps mais, en ce temps-là, seuls les cinq premiers classés marquent des points.

Dans les épreuves disputées hors championnat, l'équipe ne connaît que le succès de Roger Laurent au Grand Prix d'Helsinki 1952, face à une maigre opposition.

Après une seule année de compétition, l'Écurie Belgique se fond dans une nouvelle structure, l'Écurie Francorchamps, créée par Jacques Swaters.

Écurie Francorchamps

8 GP de 1952 à 1954

Meilleur classement : 6ᵉ

Pilotes : Roger Laurent, Charles de Tornaco, Jacques Swaters

Jeune propriétaire du garage Francorchamps, spécialiste des voitures de sport, et bientôt importateur Ferrari en Belgique, Jacques Swaters crée sa propre écurie en 1952 pour courir lui-même et prolonger l'expérience de l'Écurie Belgique, notamment avec Roger Laurent et Charles de Tornaco.

Pendant trois saisons, l'Écurie Francorchamps engage une Ferrari 500 dans quelques manches du Championnat du monde. C'est Roger Laurent qui lui offre son meilleur résultat en se classant sixième du Grand Prix d'Allemagne 1952, sur le long circuit du Nürburgring.

Hors championnat, Jacques Swaters s'impose dans le Grand Prix de l'Avus 1953. La même année, Roger Laurent finit deuxième du Grand Prix des Frontières.

Par la suite, l'Écurie Francorchamps transfère son activité en F1 à l'ENB pour se spécialiser de façon probante dans les épreuves d'endurance jusqu'en 1978. Elle décroche entre autres deux troisièmes places aux 24 Heures du Mans en 1955 (Jaguar C, Swaters-Claes) et en 1965 (Ferrari 275 GTB-C, Mairesse-Blaton), une victoire aux 500 Km de Spa 1965 (Ferrari 250 LM, Mairesse) et trois succès dans le Tour de France automobile (1960, 1961, 1964).

Équipe Nationale Belge/ENB

6 GP disputés entre 1955 et 1962

Meilleur résultat : 6^e

Pilotes : Johnny Claes (1955), Lucien Bianchi (1959 à 1962), Willy Mairesse (1961)

En 1955, Johnny Claes souffre de la tuberculose qui finira par l'emporter l'année suivante. Malade, il vend l'Écurie Belge et tout son matériel à Jacques Swaters, qui fusionne le tout avec son Écurie Francorchamps pour former l'Équipe Nationale Belge.

Claes dispute ainsi le dernier grand prix de sa trop courte carrière, à Zandvoort en 1955, sur une Ferrari 500 dont le vieux châssis, bien qu'équipé d'un moteur de 2,5 l, le relègue à la dernière position des essais et de la course.

En 1959, l'ENB se concentre sur les épreuves de Formule 2. À Monaco, Lucien Bianchi et Alain de Changy échouent à qualifier leurs Cooper-Climax de F2 dans le grand prix de F1.

Dans le championnat de l'année suivante, l'équipe ne dispute que son grand prix national. Résultat honnête, la Cooper T45 pilotée par Lucien Bianchi est sixième… sur six voitures classées. Hors championnat, Paul Frère impose sa Cooper T51 dans le Grand Prix d'Afrique du Sud, sur le circuit d'East London.

En 1961, l'ENB achète des châssis au constructeur britannique Emeryson et les équipe de moteurs Maserati. Les monoplaces sont peu efficaces. Bianchi et Gendebien ne parviennent pas à les qualifier à Monaco. André Pilette ne fait pas mieux à Monza. C'est au volant de Lotus 18 de location que Mairesse et Bianchi peuvent disputer le Grand Prix de Belgique, mais ils n'en voient pas l'arrivée, trahis par leurs mécaniques.

C'est à nouveau en louant une Lotus 18/21 que Lucien Bianchi peut courir à Spa en 1962, où il se classe neuvième. Cette année-là, l'équipe modifie profondément les Emeryson, au point de les rebaptiser ENB, ce qui n'en améliore guère les performances mais en fait théoriquement l'unique constructeur belge de F1 à ce jour. À son volant, Bianchi se qualifie de justesse pour le Grand Prix d'Allemagne, qu'il termine en seizième et dernière position. On ne reverra plus cette voiture en course.

Parallèlement, l'Équipe Nationale Belge court en endurance avec davantage de réussite. Elle est notamment deuxième des 24 Heures du Mans 1963 et troisième en 1959, 1962 et 1967, qui sera sa dernière année en compétition.

Équipe Scirocco Belge

1 GP disputé en 1964

La malheureuse expérience de l'ENB avec les Emeryson n'est pas unique. En 1961, l'Américain Hugh Powell achète des châssis anglais, les modifie et crée ainsi des monoplaces baptisées Scirocco. Alignées sur quelques-uns des grands prix de la saison 1963, elles se qualifient en fond de grille et ne voient jamais l'arrivée. C'est en 1964 qu'une de ces monoplaces arrive en Belgique, où André Pilette fonde pour l'occasion l'Équipe Scirocco Belge.

Forfait à Monaco car il juge lui-même sa voiture trop lente, dernier non qualifié au Nürburgring (à 52 secondes de l'avant-dernier), dernier temps des essais à Spa, le pilote belge a misé sur le mauvais cheval. Après son unique départ, au Grand Prix de Belgique, il casse son moteur au dixième tour.

La dernière écurie belge vue en F1 fut aussi celle qui connut les résultats les plus calamiteux.

Les pneumatiques

Englebert : champion avec Ferrari

66 GP disputés de 1950 à 1958

1 titre de champion du monde (Hawthorn, Ferrari, 1958)

12 victoires

15 *pole positions*

14 meilleurs tours en course

En 1868, à Liège, Oscar Englebert crée une boutique d'articles en caoutchouc, un matériau très novateur et en vogue. Le succès est tel qu'il ouvre, en 1877, sa propre usine produisant des toiles imperméables, des tabliers, des gants, des chaussures, des courroies, etc. Son fils, également prénommé Oscar, lui succède en 1892. Il élargit la gamme en créant des pneus de bicyclettes puis, à partir de 1898, des pneus de voitures. Il devient ainsi le premier fabricant de pneus du Benelux et l'un des premiers d'Europe.

Dès la première édition des 24 Heures du Mans, en 1923, les pneus Englebert tiennent un stand sur le circuit de la Sarthe et ils équipent la moitié des concurrents. Quinze des seize voitures ainsi chaussées de pneus belges sont à l'arrivée. La firme s'imposera à cinq reprises dans l'épreuve d'endurance, avec Alfa Romeo de 1932 à 1934, puis avec Ferrari en 1949 et 1958.

Les pneus Englebert apparaissent dans le Championnat du monde de F1 dès la toute première course, le Grand Prix de Grande-Bretagne 1950, sur la Talbot-Lago de Johnny Claes. Lors des épreuves suivantes, ils équipent aussi les Simca-Gordini de Robert Manzon et Maurice Trintignant.

En 1951, la *Scuderia* Ferrari teste avec succès les pneus belges sur trois épreuves estivales mais revient aux Pirelli en fin de saison. Cette courte expérience se solde néanmoins par les deux premières victoires d'Englebert en championnat, avec Jose-Froilan Gonzales à Silverstone puis Alberto Ascari au Nürburgring.

Ce dernier décroche son premier titre mondial en 1952, année où l'écurie italienne jongle encore entre Englebert et Pirelli, selon les courses. Il gagne deux nouveaux grands prix avec les pneus liégeois, en Belgique et en Allemagne.

En 1953 et 1954, seul Gordini poursuit sa collaboration avec le fabricant wallon, sans jamais atteindre le podium.

De 1955 à 1958, Englebert sera seul à chausser les Ferrari, gagnant ainsi avec Maurice Trintignant (Monaco 1955), Luigi Musso (Argentine 1956), Peter Collins (Belgique et France 1956, Grande-Bretagne 1958) et Juan Manuel Fangio (Grande-Bretagne et Allemagne 1956). Le manufacturier belge conclut en beauté avec le titre de champion du monde remporté par Mike Hawthorn, vainqueur du Grand Prix de France 1958.

Le palmarès sportif est hélas assombri par l'accident d'Alfonso de Portago aux Mille Miglia 1957. L'éclatement d'un pneu de sa Ferrari sera à l'origine du drame qui coûte la vie au pilote espagnol, à son copilote et à neuf spectateurs. La course fut interrompue et plus jamais organisée. La justice italienne accusa la *Scuderia* et Englebert d'homicide involontaire, avant de les innocenter en 1961. Trop tard, la firme belge s'était retirée du sport automobile à l'issue de la saison 1958.

En 1967, Englebert est racheté par Uniroyal.

LES CIRCUITS

Spa-Francorchamps : historique et mythique

66 GP disputés depuis 1913

Longueur : 21,2 km (1913), 14,9 km (1921 à 1939), 14,5 km (1947 à 1949), 14,1 km (1950 à 1978), 6,9 km (1979 à 2005), 7,0 km (depuis 2007)

Record du tour (F1) : 1 min 41,252 s (Lewis Hamilton, Mercedes, 2020)

Meilleur tour en course (F1) : 1 min 45,108 s (Kimi Räikkönen, McLaren, 2004)

Au début du XXe siècle, le sport automobile vise en priorité à éprouver la puissance et la fiabilité des moteurs. La tenue de route et l'habileté des pilotes demeurent secondaires. Pour ces raisons, les premiers circuits de course sont généralement constitués de longues portions rectilignes, quand il ne s'agit pas de simples pistes ovales où l'on tourne en rond sans lâcher l'accélérateur. Parmi les vestiges qu'il nous reste de cette lointaine époque, citons le rectangle d'Indianapolis, la ligne droite des Hunaudières au Mans et les portions historiques du circuit belge de Spa-Francorchamps.

En 1913, les organisateurs du deuxième Grand Prix de Belgique sont tout heureux de proposer un parcours montagneux de 21 km passant par Spa, Francorchamps, Cokaifagne, Sart, Tiège et retour à Spa. Ils ne sont pas peu fiers d'annoncer que la montée vers Malchamps représente une côte à 6 % longue de 5 km, véritable défi aux mécaniques. Ils se vantent moins de la présence, sur le tracé, du passage à niveau de Sart ; parce qu'on n'interrompt pas la circulation des trains pour une course automobile, il constitue un obstacle dangereusement aléatoire.

Afin de l'éviter, ils changent leurs plans et imaginent, dès 1914, un triangle d'une quinzaine de kilomètres dont les sommets sont

Francorchamps, Malmedy et Stavelot. La course n'aura pas lieu, en raison du déclenchement de la Première Guerre mondiale mais, cette fois, les bases de la future piste sont clairement définies.

L'idée ressurgit après la fin du conflit. Le troisième Grand Prix de Belgique se dispute en 1922 sur ce tracé qui, à quelques aménagements près, perdurera jusqu'en 1978. Vallonné et rapide à souhait, il gagne rapidement son surnom de «toboggan des Ardennes». On rectifie les «S» de Malmedy afin de permettre aux concurrents de passer sans lever le pied. On coupe l'épingle de Stavelot pour en faire un virage relevé plus rapide. L'épingle de l'Ancienne Douane disparaît rapidement. Le célèbre raidillon de l'Eau rouge est inauguré lors du Grand Prix de Belgique 1939.

C'est à Spa que s'écrivent les pages les plus mythiques du sport automobile belge. Les bolides y atteignent des moyennes inédites. Les pilotes qui s'y imposent sont élevés au rang de héros. Il faut beaucoup de courage et un peu d'inconscience pour foncer entre les maisons de Masta et entre les arbres de Blanchimont. Selon l'Américain Dan Gurney, *poleman* en 1964 et vainqueur en 1967, «ce circuit différencie les hommes des petits garçons». Jim Clark en personne déclare détester cette piste, bien qu'il s'y impose à quatre reprises.

Fatalement, un drame finit par se produire : en 1960, Alan Stacey et Chris Bristow trouvent la mort à Spa-Francorchamps, dans deux accidents distincts. «Peut-on accuser la course seule, ou les circuits trop rapides ou encore la formule ?», interroge le journal *L'Équipe*.

À cette époque, les performances des voitures deviennent si élevées que des voix commencent à s'élever contre la dangerosité de Spa-Francorchamps. Le Grand Prix de Belgique 1966 marque le début de la prise de conscience. Plus de la moitié des concurrents sortent de la route dans le premier tour. Graham Hill lui-même se fait peur en partant en tête-à-queue à plus de 200 km/h. Quand il s'immobilise dans les bottes de paille, l'Anglais court en contrebas secourir Jackie Stewart, coincé dans sa monoplace retournée, la combinaison imbibée d'essence. De ce jour, le pilote écossais devient l'un des plus farouches opposants au tracé historique belge et un ardent promoteur de la sécurité. Il organise le boycott de Spa-Francorchamps en 1969, du Nürburgring en 1970 et de Zandvoort en 1972.

Personne ne battra la folle moyenne de 262 km/h sur un tour, établie en sports-prototypes par Henri Pescarolo sur sa Matra, en 1973. La piste de plus de 14 km est condamnée.

À la fin des années 1970, la direction du circuit de Spa décide de construire une nouvelle piste semi-permanente, qui continue d'utiliser les sections de route ordinaires depuis le virage de Blanchimont jusqu'au bout de la ligne droite de Kemmel, rejointe par l'ancienne épingle de la Source et une nouvelle bretelle permanente reliant les deux autres extrémités restantes de l'ancien circuit, créant ainsi une piste répondant aux normes de sécurité requises.

Inauguré en 1979, le « nouveau » circuit est remodelé pour 1980 par l'insertion d'une nouvelle double chicane baptisée *Bus Stop*, car située près d'un arrêt de bus entre le virage de Blanchimont et l'épingle de La Source. Au cours de ces mêmes années, de nouveaux stands de Formule 1 ont été construits juste avant ce dernier virage, conséquence de la création d'une ligne de départ pour les monoplaces de cette catégorie dont le règlement exige que les circuits disposent d'une zone de départ plate, alors que l'ancienne ligne de stands de Spa, toujours utilisée pour les autres catégories, était en pente entre l'épingle de la Source et le pont de l'Eau rouge.

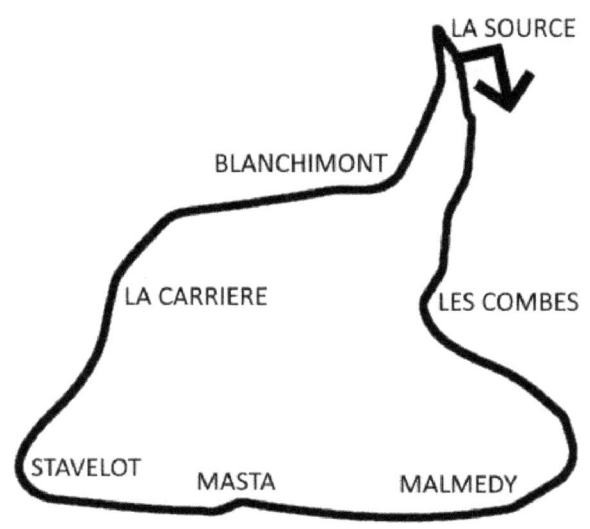

Spa-Francorchamps en version longue (avant 1978)

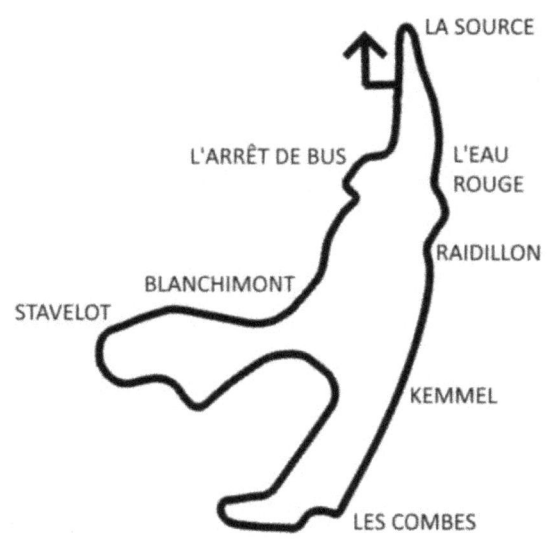

Spa-Francorchamps en version courte (depuis 1979)

Durant une décennie, la F1 est absente des Ardennes. Elle n'y revient qu'en 1983, sur un tracé nettement raccourci et un peu ralenti par quelques chicanes. Il en reste néanmoins l'un des passages les plus mythiques de la saison, le célèbre raidillon de l'Eau rouge, qui nécessite beaucoup d'audace pour être abordé sans relâcher l'accélérateur.

Spa-Francorchamps ne couronne que les plus grands. Les commentateurs le comprennent lorsqu'ils voient, en 1992, Michael Schumacher y remporter sa première victoire, un an seulement après ses débuts en F1 sur ce même tracé. Le septuple champion du monde allemand est, à ce jour, le seul à avoir triomphé à six reprises sur le circuit wallon.

Bien que les installations modernes aient grandement amélioré la sécurité, on n'aborde jamais la piste à la légère. Les accidents mortels de Stefan Bellof en endurance en 1985 et d'Anthoine Hubert en F2 en 2019 nous le rappellent cruellement.

Outre ses courbes ultrarapides et son relief si particulier, le circuit de Spa-Francorchamps est souvent tributaire de la météo ardennaise. La pluie accentue sa difficulté et révèle les talents d'équilibristes de pilotes qui ont marqué leur génération, à l'instar de Jacky Ickx ou Michael Schumacher. Moins glorieusement, elle met en évidence l'inadéquation des monoplaces modernes avec les conditions humides, comme l'a montré la non-course de 2021.

Bois de la Cambre : la parenthèse bruxelloise

1 GP disputé en 1946

Longueur : 3,66 km

Durant la Seconde Guerre mondiale, la bataille des Ardennes a endommagé le circuit de Spa-Francorchamps qui attend des réparations. Les routes du Bois de la Cambre, à la périphérie sud de Bruxelles, accueillent ainsi le Grand Prix de Belgique en 1946.

Une tribune est dressée au niveau de l'Université Libre de Bruxelles, face à la ligne de départ et d'arrivée. La piste part de l'avenue Roosevelt vers le sud, entre dans le bois au niveau du lac puis remonte au nord via l'avenue de la Sapinière et l'avenue de Flore, d'où elle rejoint l'avenue Roosevelt.

Les enchaînements de virages rapides inquiètent certains, mais Sommer, Chaboud, Chiron, Levegh et Horsfall valident le tracé après une séance d'entraînement effectuée le mercredi. Au soir du Grand Prix, Eugène Chaboud admet avoir eu chaud dans le « virage de l'Arbre de la Mort », où il a senti sa voiture glisser sur la gauche et ne l'a rattrapée que de justesse.

Dès l'année suivante, les bolides reprennent la direction de Spa-Francorchamps.

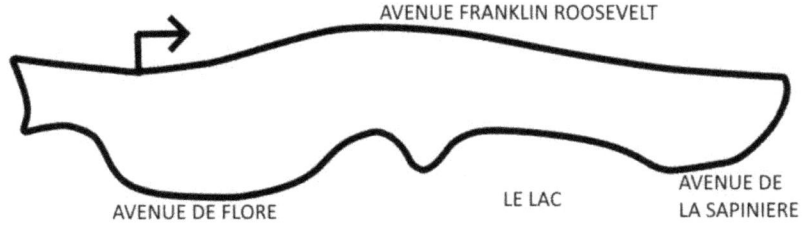

Nivelles-Baulers : la piste éphémère

2 GP disputés en 1972 et 1974

Longueur : 3,7 km

Record du tour : 1 min 09,82 s (Clay Regazzoni, Ferrari, 1974)

Meilleur tour en course : 1 min 11,31 s (Denny Hulme, McLaren, 1974)

Le circuit de Nivelles-Baulers n'a vécu que dix ans. Ouvert en 1971, il est fermé en 1981.

À l'époque de sa création, il est considéré comme un pionnier des circuits modernes et « la piste la plus sûre pour la Formule 1 ».

Quand le circuit de Spa-Francorchamps est jugé trop dangereux pour la Formule 1, il faut trouver des alternatives pour le Grand Prix de Belgique. Les politiques flamands et wallons se mettent d'accord pour que l'épreuve se déroule alternativement en Flandre et en Wallonie. Les circuits de Nivelles et de Zolder se partagent ainsi le calendrier.

Afin de répondre aux exigences de sécurité de la Formule 1, qui devient de plus en plus rapide, le parcours est conçu par le Néerlandais John Hugenholtz. Il met l'accent sur la sécurité : la piste est plate à l'exception d'une petite élévation au bout de la ligne droite de départ, les courbes sont longues et fluides. Pour l'époque, les spectateurs sont situés relativement loin du parcours afin d'offrir aux bolides suffisamment de dégagement. Cela a conduit à des critiques : les pilotes se plaignaient d'un tracé ennuyeux, tandis que les spectateurs ne peuvent observer les voitures que de loin.

Le parcours de 3,724 km s'effectue dans le sens des aiguilles d'une montre. Il est caractérisé par une longue ligne droite de départ et d'arrivée qui se termine par un virage rapide à droite. Par une combinaison de virages à droite, appelée la Grande Boucle par les pilotes de course, on accède à la ligne droite arrière par deux chicanes moyennement rapides, au bout desquelles un virage lent à 180 degrés ramène au départ et à l'arrivée. La piste totalise sept virages ; les chicanes étroites ou les lacets ont été délibérément évités. Si nécessaire, le parcours peut être raccourci en un parcours dit « club course » en empruntant une liaison transversale sur la ligne droite de départ, avant la courbe 1, qui aboutit sur la ligne droite arrière entre les courbes 4 et 5.

À côté du circuit de course, dans la zone des virages 4 et 5, une piste plus petite et indépendante est utilisée pour le karting. En septembre 1980, le futur champion du monde de Formule 1 Ayrton Senna y dispute une manche du Championnat du monde de kart à Nivelles, où il se classe deuxième. Parmi les spectateurs se trouvait Michael Schumacher, alors âgé de 11 ans. Schumacher est tellement impressionné par le style de conduite de Senna ce jour-là qu'il demande le nom du pilote après la course.

Les deux courses de Formule 1 disputées à Nivelles-Baulers sont remportées par le Brésilien Emerson Fittipaldi, sur une Lotus en 1972 puis avec une McLaren en 1974. Il est sacré champion du monde ces deux années-là.

Les exploitants de l'autodrome rencontrent rapidement des difficultés financières. La première crise grave survient en 1974, où le Grand Prix de Formule 1 ne peut avoir lieu qu'avec le soutien financier massif des sponsors. La faillite suit en 1975. Le Grand Prix prévu pour 1976 n'a pas lieu à Nivelles car la chaussée s'est détériorée au fil des années et n'est plus considérée comme suffisamment sûre pour la Formule 1. Zolder en bénéficie cette année-là.

La réfection de la piste n'est pas possible, faute d'investisseurs. Le circuit est en constante détérioration. En 1980, les courses automobiles cessent complètement à Nivelles. Seules les motos y tournent jusqu'en 1981.

La piste de course est déclassée et fermée le 30 juin 1981. Le circuit et les bâtiments, détériorés au fil du temps, sont démolis à la fin des années 1990 pour faire place au nouveau parc d'activités des Portes de l'Europe. Les nouvelles constructions et rues de la zone commerciale suivent à peu près l'ancien tracé de la piste qui peut encore être vu depuis les airs aujourd'hui.

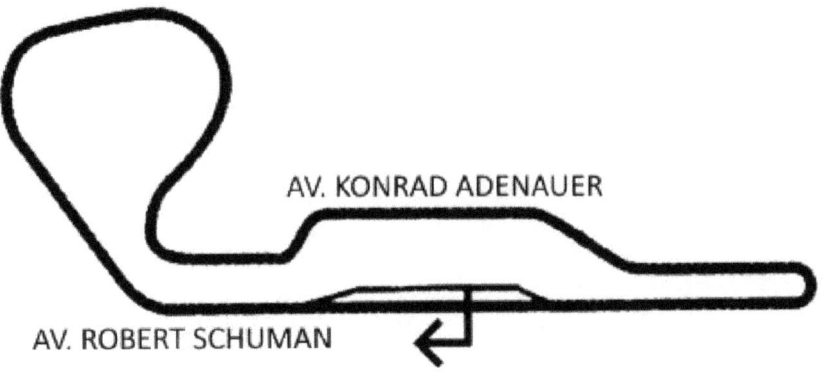

Zolder : une décennie flamande

10 GP disputés entre 1973 et 1984

Longueur : 4,2 km

Record du tour (F1) : 1 min 14,846 s (Michele Alboreto, Ferrari, 1984)

Meilleur tour en course (F1) : 1 min 19,294 s (René Arnoux, Ferrari, 1984)

En 1961, lors le club de motards AMC Bolderberg commence à organiser des compétitions, le besoin d'un circuit permanent se fait vite sentir. Le Néerlandais John Hugenholtz dessine le tracé de Zolder, dont l'ouverture officielle a lieu le 19 juin 1963.

Dès 1964, une première course de Formule 2 est disputée et la piste acquiert rapidement une réputation internationale. En raison du boycott de Spa-Francorchamps pour des raisons de sécurité, Zolder entre en lice pour accueillir le Grand Prix de Belgique, au début des années 1970, en alternance avec le tout nouveau circuit de Nivelles.

La F1 arrive en terre flamande en 1973. Pour casser la vitesse, la petite chicane située derrière les stands est créée à cette occasion. Elle porte la longueur du circuit à 4,220 km, contre 4,011 précédemment. Dès les essais, les pilotes constatent que, dans certains virages, l'asphalte ne supporte pas la puissance des voitures. Des retouches sont faites à la hâte et la course peut avoir lieu.

En prévision du Grand Prix de Belgique 1975, une seconde chicane est aménagée avant la ligne d'arrivée ; elle est baptisée du nom de Jacky Ickx. La piste mesure désormais 4,262 km.

Zolder ne devait accueillir la F1 que les années impaires, mais l'abandon de l'éphémère circuit de Nivelles fait revenir la discipline reine chaque année de 1975 à 1982 inclus.

Niki Lauda est le seul pilote à s'imposer deux fois sur la piste flamande, en 1975 et 1976, à chaque reprise sur Ferrari.

Deux tragédies endeuillent Zolder vers la fin de sa période F1. Le 15 mai 1981, durant les essais, la Williams de Carlos Reutemann percute mortellement Giovanni Amadeo, jeune mécanicien de l'écurie Osella, dans la voie des stands que chacun juge trop étroite. Le 8 mai 1982, en tentant de conquérir la *pole position*, le Canadien Gilles Villeneuve se tue au volant de sa Ferrari. Une troisième chicane portant son nom sera aménagée en 1986.

Après la réouverture de Spa-Francorchamps à la F1 en 1983, le Grand Prix de Belgique se tient une dernière fois à Zolder en 1984.

En 2007, la piste a accueilli des monoplaces américaines pour une course de ChampCar remportée par le Français Sébastien Bourdais. Elle a aussi vu passer le Championnat du monde des voitures de tourisme (WTCC), le Championnat du monde FIA GT1 et le DTM. Outre les sports mécaniques, des courses cyclistes ont également été organisées à plusieurs reprises sur et autour du circuit.

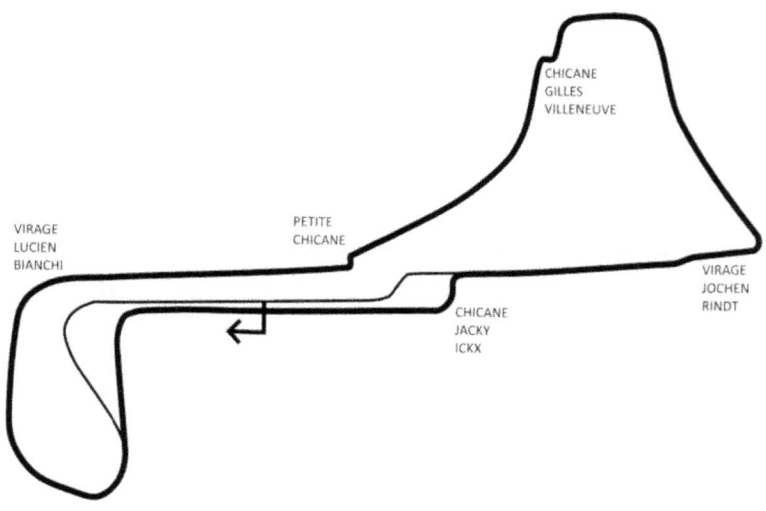

LES GRANDS PRIX AVANT LA F1

1912 : Une moyenne trop lente à Dinant

20 et 21 juillet 1912, circuit d'Anseremme-Dinant (2 fois 12 tours soit 1 152 km)

Le Grand Prix de Belgique trouve ses racines dans la Coupe du Roi des Belges, dont la première édition est courue les 20 et 21 juillet 1912, à raison chaque jour de 12 tours d'un circuit de 48 km. L'itinéraire passe par Anseremme-Dinant, Vignée, Beauraing, Falmignoul et à nouveau Anseremme.

On court en Formule Libre avec des cylindrées comprises entre 2 et 4,5 litres. Le comité sportif impose une teinte à chaque constructeur : jaune pour Minerva, blanc pour Opel, bleu foncé pour Lion-Peugeot, bleu clair pour Mercedes, rouge foncé pour Hermès, vert foncé pour Benz, rouge clair pour Sava, vert clair pour Excelsior, orange pour FAB et gris pour les concurrents individuels.

Les vingt-six concurrents sont lâchés tour à tour sur les routes, de minute en minute. Ils doivent respecter une moyenne proportionnelle à leur cylindrée.

Las de respecter une vitesse trop faible, les conducteurs des Lion-Peugeot et des Mercedes préfèrent se lancer dans une course de vitesse, ce qui leur coûte des pénalisations. La voiture française tourne à 90 km/h de moyenne au lieu des 65 km/h imposés.

Deux constructeurs belges, Minerva et Hermès, bouclent les 1 152 km sans la moindre pénalisation, si bien que les organisateurs envisagent un instant de tirer au sort auquel des deux vainqueurs ils doivent remettre la coupe offerte par le roi.

1913 : Accident mortel à Spa

24 et 25 août 1913, circuit de Spa-Sart (38 tours soit 805 km)

En 1913, l'épreuve se court pour la première fois sur un tracé montagneux passant par Spa et Sart, long de 21,2 km. Treize partants doivent le parcourir dix-huit fois le dimanche et vingt fois le lundi.

Hélas, la première journée est endeuillée par un accident : au volant d'une Save, le jeune baron de Woelmont, âgé de 24 ans, se tue en dépassant un autre concurrent et son mécanicien est grièvement blessé. Seules cinq voitures restent en course pour le deuxième jour.

L'épreuve reprend le lendemain, malgré une pétition d'habitants de Spa qui demandent son interdiction. La victoire finale est tout d'abord annoncée par erreur pour Léon Elskamp, sur Mercedes. Le classement rectifié l'attribue à Durtal (pseudonyme de Léon Derny), sur Springuel, constructeur de Huy qui venait de fusionner avec Impéria.

En 1914, l'épreuve est annoncée pour le 2 août, sur quinze tours du circuit de 48,3 km passant par Anseremme, Vignée et Beauraing. Mais cette date fait concurrence à l'Automobile Club de la Sarthe qui s'en plaint et obtient le report du Grand Prix de Belgique au 20 septembre. Entre-temps, les grandes puissances européennes entrent en guerre. La course n'aura jamais lieu.

Passé le premier conflit mondial, on reparle d'un Grand Prix de Belgique prévu pour le 13 août 1921, sur un triangle de 14 km passant par Francorchamps, Malmedy et Stavelot. Hélas, courant mai, les organisateurs n'ont reçu que trop peu d'engagements et décident d'annuler l'épreuve.

1922 : Une victoire 100 % belge

12 août 1922, circuit de Spa-Francorchamps (40 tours soit 599 km)

En 1922, le sport reprend enfin ses droits. Douze voitures belges et françaises sont au départ, pour 40 tours du circuit de Francorchamps. Le virage de Malmedy, que l'on redoutait le plus, a été aménagé de telle sorte qu'en dépit de sa forme en « S », on peut désormais le prendre à grande vitesse. L'affluence est énorme, comme en témoigne l'hôtellerie locale : il n'y a plus une chambre de libre ni à Francorchamps, ni à Stavelot, encore moins à Spa, si bien que beaucoup de spectateurs ont été obligés de loger à Malmedy ou à Liège. Le public est ravi de voir s'imposer un pilote belge, le baron Raymond de Tornaco (père du pilote de F1 Charles de Tornaco), au volant d'une voiture belge, une Impéria-Abadal.

Si l'on trouve l'annonce de l'engagement de treize voitures dans un Grand Prix de Belgique des voiturettes et cyclecars prévu le 11 août 1923 à Francorchamps, nulle suite n'y est donnée dans la presse de l'époque. Rien n'indique pourquoi cette édition n'a pas eu lieu.

L'année suivante, s'inspirant des premières 24 Heures du Mans créées en France en 1923, les organisateurs abandonnent temporairement le grand prix de vitesse au profit d'une nouvelle épreuve d'endurance qui deviendra centenaire : les 24 Heures de Spa-Francorchamps. Leur première édition porte néanmoins l'appellation de Grand Prix de Belgique. Elle couronne un équipage franco-belge, Henri Springuel et Maurice Béquet, qui pilotent une Bignan.

1925 : Naissance d'un championnat

28 juin 1925, circuit de Spa-Francorchamps (54 tours soit 809 km)
1. Antonio Ascari (Alfa Romeo) en 5 h 43 min
2. Giuseppe Campari (Alfa Romeo) à 21 min 58 s

En 1925, les choses commencent à s'organiser. La distinction s'opère plus clairement entre les épreuves d'endurance telles que les 24 Heures, disputées en équipages, et les grands prix de vitesse courus sur quelques heures par un seul pilote.

Surtout, pour la première fois, un Championnat du monde des manufacturiers est organisé par l'Association Internationale des Automobile Clubs Reconnus (AIACR). Il prend en compte les résultats de cinq épreuves : les 500 Miles d'Indianapolis et les grands prix d'Europe (Spa), de San Sebastian, de l'Automobile Club de France et d'Italie.

Le 28 juin, douze voitures sont engagées dans l'épreuve belge, mais seulement sept s'alignent réellement au départ : quatre Delage pilotées par des Français et trois Alfa Romeo confiées à des Italiens. Les Sunbeam et les Guyot qui s'étaient inscrites ne sont pas prêtes. Les coureurs doivent effectuer 54 tours du circuit de Spa-Francorchamps, long de près de 15 km, soit un total d'un peu plus de 800 km. La somme de 100 000 francs récompensera le vainqueur, le second recevant 25 000 francs et le troisième 10 000 francs.

Le dimanche à 10 heures, le départ est donné. Pour la première fois en Europe, les pilotes sont seuls à bord, sans mécanicien pour les seconder. Dès le début, l'équipe italienne prend la tête et lâche l'équipe française de plus de trois minutes. Antonio Ascari, sur Alfa Romeo, boucle le premier tour à plus de 121 km/h. Au deuxième tour, Albert Divo, sur Delage, passe troisième, alors qu'au départ il avait été pointé en cinquième position. Robert Benoist s'arrête longuement à Stavelot puis rentre au stand et abandonne, un réservoir d'essence crevé.

Au passage suivant, Delage a perdu une voiture, celle de René Thomas ayant subi un début d'incendie ; le pilote est sérieusement brûlé à la main gauche. À l'issue du quatrième tour, la débâcle française se poursuit quand Paul Torchy change ses bougies et perd de ce fait un tour. Les voitures bleues souffrent, les rouges filent.

Au dixième tour, Torchy abandonne. Au vingtième, Ascari bat son propre record en 6 min 52 s, à plus de 130 km/h de moyenne. Il compte 2 min 15 s d'avance sur son équipier Giuseppe Campari et plus de 15 min sur la Delage de Divo, troisième.

C'est le moment où Campari s'arrête pour changer de pneus et se ravitailler en huile et essence, opérations qui lui coûtent 2 min 16 s Ascari fait de même au tour suivant, mais en 2 min 45 s Gastone Brilli-Peri, troisième pilote Alfa Romeo, s'arrête à la fin du vingt-septième tour et abandonne, un des ressorts de suspension de sa voiture étant brisé. Après vingt-trois boucles, Divo doit remplacer son pneu arrière gauche crevé ; il change deux roues, se ravitaille et repart, ovationné par le public.

Dès la mi-course, il ne reste que trois voitures sur le circuit : Ascari devance toujours Campari et Divo. Ce dernier s'arrête à son trente-troisième passage et renonce, confronté à des problèmes de soupapes. À l'issue d'une course sans incident, Ascari couvre les 804 km en 5 h 43 min, suivi par Campari à trois tours. Leurs Alfa Romeo à moteur 2 litres turbocompressés sont les deux seules voitures à franchir la ligne d'arrivée.

Quatre semaines plus tard, sur l'autodrome de Montlhéry, Antonio Ascari, 33 ans, se tue lors d'une sortie de route, alors qu'il est largement en tête du Grand Prix de l'ACF.

1930 : Peugeot fait trembler Bugatti

20 juillet 1930, circuit de Spa-Francorchamps

1. Louis Chiron (Bugatti) en 5 h 8 min
2. Guy Bouriat (Bugatti) à 1 min
3. Albert Divo (Bugatti) à 5 min 20 s

En 1930, pour le centenaire de la Révolution belge, c'est sous le vocable de Grand Prix d'Europe que les bolides s'affrontent à nouveau à Francorchamps.

Le départ est donné à midi. L'Impéria de Goffredo Zehender occupe un moment la tête, talonnée par les Bugatti T35B. Quand les voitures bouclent leur premier tour, c'est Louis Chiron qui mène devant Albert Divo. Au sixième tour, Guy Bouriat est remonté à la troisième place pour compléter le trio des voitures françaises.

La plupart des autres concurrents sont rapidement distancés. À la mi-course, Divo a perdu du terrain sur ses équipiers et la vieille Peugeot de Henri Stoffel en a profité pour se hisser à la troisième place.

Quelques tours plus tard, l'inquiétude s'installe dans le clan Bugatti car Chiron a dû changer ses bougies et Divo ses pneus. Stoffel est désormais deuxième à seulement cinq secondes de Bouriat. Hélas, dans son dernier tour, la Peugeot tombe en panne d'essence.

Bugatti ayant prévu, pour des raisons publicitaires, de faire gagner Chiron, Bouriat stoppe sa voiture juste avant la ligne d'arrivée. La foule indignée le voit attendre durant plus de deux minutes et demie le retour de son leader, qui gagne sous les huées. Divo complète le podium des voitures bleues.

1931 : Dix heures d'un duel franco-italien

12 juillet 1931, circuit de Spa-Francorchamps

1. William Grover-Williams/Caberto Conelli (Bugatti) 1 320 km
2. Tazio Nuvolari / Baconin Borzacchini (Alfa Romeo) 1 309 km
3. Ferdinando Minoia / Giovanni Minozzi (Alfa Romeo) 1 274 km

Une semaine après les 24 Heures de Spa, le même circuit accueille le Grand Prix de Belgique dans un format inédit. En 1931, il s'agit d'une course de dix heures, disputée en équipage. Elle compte pour le Championnat d'Europe des pilotes, dont elle constitue la troisième et dernière épreuve. Alfa Romeo a gagné le Grand Prix d'Italie et Bugatti le Grand Prix de France ; qui s'imposera en terrain neutre ?

Les voitures s'élancent à 9 heures. Le temps est chaud et sec. Le duel franco-italien des constructeurs tient toutes ses promesses. À 136 km/h de moyenne, Achille Varzi et Tazio Nuvolari ne se lâchent pas, occupant la tête à tour de rôle. Seulement 40 mètres les séparent lorsqu'intervient le changement de pilotes, au vingt-cinquième tour. Il rebat les cartes. La Bugatti T51 menée par Louis Chiron prend le large et sème peu à peu l'Alfa Romeo 8C 2300 de Baconin Borzacchini. Le pilote monégasque caracole en tête et signe son meilleur temps au trente-septième tour, en 6 min 19 s, soit plus de 141 de moyenne.

La voiture bleue compte 2 min 20 s d'avance lorsque soudain, à la mi-course, elle s'immobilise sur le circuit à cause de la rupture de l'axe d'entraînement de la magnéto. Le bolide rouge hérite du commandement et semble filer vers un succès assuré, avec plus de trois minutes d'avance sur la Bugatti que se partagent William Grover-Williams et Caberto Conelli.

Pourtant, nouveau coup de théâtre, l'Alfa Romeo doit changer de bougies durant la dernière heure de course. Elle perd ainsi une dizaine de minutes au stand et se lance désespérément à la poursuite du nouveau leader. C'est peine perdue, car la Bugatti peut se laisser glisser vers l'arrivée à seulement 115 km/h pour s'imposer.

Troisième, Ferdinando Minoia est sacré sans avoir gagné une seule épreuve du Championnat d'Europe.

1933 : Un cavalier seul signé Ferrari

9 juillet 1933, circuit de Spa-Francorchamps (40 tours)

1. Tazio Nuvolari (Maserati) en 4 h 9 min 10 s
2. Achille Varzi (Bugatti) à 3 min 16 s
3. René Dreyfus (Bugatti) à 3 min 49 s

Après une éclipse d'une année, le grand prix de vitesse reprend et, selon Tazio Nuvolari, « ce sera la plus belle bataille de la saison ». Il fait forte impression aux essais, au volant d'une Maserati 8 CM engagée par la jeune *Scuderia* Ferrari et chaussée de pneus belges Englebert. Ses adversaires pilotent des Bugatti et des Alfa Romeo.

Douze bolides sont lâchés à 13 heures pour 40 tours. Bien que placé avant-dernier sur la grille de départ, Nuvolari boucle en tête le premier tour et se lance dans un véritable festival.

À sept reprises, il bat et rebat le record du tour, jusqu'à le porter à 6 min 1 s, soit 148,5 km/h de moyenne. Le pilote italien s'éloigne inexorablement et les autres concurrents ne le reverront plus jusqu'à l'arrivée, quatre heures plus tard.

Derrière, c'est l'abandon sur casse mécanique pour la Bugatti de Chiron, trahie par son différentiel, et pour l'Alfa Romeo de Borzacchini, qui coule une bielle. Deux Bugatti rescapées complètent le podium.

1934 : Sept partants mais trois leaders

29 juillet 1934, circuit de Spa-Francorchamps

1. René Dreyfus (Bugatti) en 4 h 15 min 3 s ⅖
2. Antonio Brivio (Bugatti) à 1 min 54 s
3. Raymond Sommer (Maserati) à 1 tour

Seulement sept voitures s'alignent au départ du Grand Prix de Belgique 1934. Les Mercedes-Benz et Auto Union allemandes font l'impasse sur la course. Côté pilotes, les Tazio Nuvolari, Guy Moll et autres Jean-Pierre Wimille déclarent forfait. Conséquence immédiate de ces défections : le public est sensiblement moins nombreux qu'espéré.

Pourtant, sur la piste, le spectacle est riche en rebondissements. Louis Chiron, recruté par Enzo Ferrari pour piloter une Alfa Romeo, ne laisse à personne d'autre que lui le soin de signer le meilleur temps des essais (5 min 43 s) et de devenir le premier leader de l'épreuve. Derrière, les trois Bugatti sont retardées par des changements de bougies. L'échappée du Monégasque prend fin au quatorzième tour, lorsque sa machine quitte la route et se renverse, sans mal pour le pilote.

Au volant d'une voiture identique, Achille Varzi hérite du commandement. Il tente d'échapper au peloton qui le poursuit, signe un tour à plus de 150 km/h mais finit par casser son moteur.

Troisième leader, René Dreyfus mène sagement sa nouvelle Bugatti T59 à la victoire, seulement suivi par son équipier Antonio Brivio, auteur du meilleur tour en course en 5 min 45 s

1935 : Rudolf Caracciola caracole en tête

14 juillet 1935, circuit de Spa-Francorchamps (34 tours soit 506 km)
1. Rudolf Caracciola (Mercedes-Benz) en 3 h 12 min 3 s
2. L. Fagioli / M. von Brauchitsch (Mercedes-Benz) à 2 min 5 s
3. Louis Chiron (Alfa Romeo) à 2 min 44 s

L'édition 1935 réunit dix voitures : trois Alfa Romeo, trois Bugatti, trois Mercedes-Benz et une Maserati. Les Auto Union, qui ont subi un amer revers un mois auparavant à Montlhéry, font l'impasse sur l'épreuve belge pour mieux préparer leur grand prix national, deux semaines plus tard, où le régime nazi ne leur pardonnerait aucune faiblesse.

Les Bugatti de Benoist, Wimille et Taruffi manquent de mise au point. Impatient de prendre livraison de sa nouvelle monoplace, Marcel Lehoux doit se contenter d'une Maserati qui a fait son temps. Le Grand Prix de Belgique se réduira donc à un duel italo-allemand, opposant les Alfa Romeo de Dreyfus, Chiron et Sommer aux Mercedes-Benz de Caracciola, von Brauchitsch et Fagioli.

Quand le drapeau s'abaisse, à 13 heures, Rudolf Caracciola s'envole si rapidement qu'on croit qu'il a volé le départ. Il emmène le train des trois *flèches d'argent* que seuls peuvent suivre Chiron et Dreyfus. Jean-Pierre Wimille est trahi par son moteur dès le sixième des trente-quatre tours. Raymond Sommer ne va guère plus loin. Le clan allemand n'est pas à l'abri des ennuis, car Manfred von Brauchitsch doit s'arrêter pour faire changer ses bougies.

À la mi-course, Caracciola devance Fagioli, Dreyfus, Chiron, Lehoux, Benoist, Taruffi et von Brauchitsch. Les quatre premiers se tiennent en deux minutes seulement. La lutte reste d'autant plus indécise que la chaleur accablante fait souffrir les pilotes et les mécaniques. Ainsi, la Mercedes-Benz de von Brauchitsch refuse de redémarrer après son ravitaillement en essence. Le pilote allemand ne demeure pourtant pas longtemps inactif ; il doit vite reprendre la voiture de Fagioli, arrêté par sa propre écurie parce qu'il ne respectait pas les consignes d'équipe et mettait trop de pression sur son leader. Chez Alfa Romeo, René Dreyfus passe le volant à Attilio Marinoni.

Si Rudolf Caracciola ralentit le rythme, c'est seulement par prudence. Quand Louis Chiron revient à une minute et demie, le leader reprend du champ en accélérant à nouveau. Le pilote français finit par perdre sa deuxième place dans les derniers tours, au profit de Manfred von Brauchitsch qui parachève un indiscutable doublé allemand.

1937 : Rudolf Hasse ménage ses pneus

11 juillet 1937, circuit de Spa-Francorchamps (34 tours soit 506 km)

1. Rudolf Hasse (Auto Union) en 3 h 1 min 22 s
2. Hans Stuck (Auto Union) à 53 s
3. Hermann Lang (Mercedes-Benz) à 2 min 45 s

Nouvelle impasse sur le grand prix de vitesse en 1936 et retour à Spa à l'été 1937, où le roi Léopold III et son frère le prince Charles assistent à la course. Tous les hôtels du secteur affichent complet. Toutefois, une météo humide douche les espoirs des organisateurs qui n'enregistrent pas autant d'entrées qu'espéré.

La course est annoncée comme un duel fratricide des deux équipes allemandes qui dominent la saison : Mercedes-Benz avec sa très puissante W125 et Auto Union avec sa révolutionnaire Type C à moteur arrière. Personne ne peut rivaliser avec les voitures grises.

Durant les entraînements, Manfred von Brauchitsch est le plus rapide mais il perd le contrôle de sa Mercedes-Benz dans le virage de l'Eau rouge ; la voiture n'est guère endommagée et le pilote s'est seulement froissé un muscle à l'épaule. Il pourra s'aligner au départ.

Le pilote belge Franz Gouvion, qui devait piloter une Maserati 8 CM du Team Lancia, déclare forfait à cause de problèmes de moteur. Luigi Fagioli, nouvelle recrue d'Auto Union, renonce aussi à se présenter, souffrant trop de ses rhumatismes. Il ne reste donc que huit monoplaces sur la grille.

À l'heure où le roi donne le départ, le soleil peine à assécher une piste détrempée par les pluies qui se sont abattues toute la nuit. Hans Stuck lance son Auto Union en tête, devant la Mercedes-Benz d'Hermann Lang. Les deux hommes battent tour à tour le meilleur temps en course.

Stuck cède le commandement à Lang lorsqu'il doit changer ses pneus, au huitième tour. Quatre tours plus tard, le nouveau leader effectue un arrêt identique. C'est une autre Auto Union, pilotée par Rudolf Hasse, qui passe ainsi premier. Le rythme de course est soutenu ; les pilotes les plus rapides atteignent 310 km/h dans la descente de Masta.

À la mi-course, Lang reprend les devants, suivi de Stuck, Hasse et von Brauchitsch. La première position se transmet au gré des changements de pneus. La stratégie d'un seul arrêt s'avère la plus payante, car un nouveau passage du leader par les stands permet à Hasse de s'installer définitivement en tête et de remporter l'unique grand prix de sa carrière.

1939 : Lang résiste, Seaman se tue

25 juin 1939, circuit de Spa-Francorchamps

1. Hermann Lang (Mercedes-Benz) en 3 h 20 min 20 s
2. Rudolf Hasse (Auto Union) à 18 s
3. Manfred von Brauchitsch (Mercedes-Benz) à 2 min 10 s

La septième et dernière saison du Championnat d'Europe des pilotes débute par le Grand Prix de Belgique. Elle n'ira pas à son terme, interrompue en septembre par le déclenchement de la Seconde Guerre mondiale.

Légèrement remanié, le circuit de Spa-Francorchamps présente une nouvelle portion dont la pente atteint 16 %, idéale pour mettre à l'épreuve la puissance des moteurs. C'est le désormais célèbre raidillon de l'Eau rouge.

La pluie tombe à verse lorsque le départ est donné, à 13 h 30. Si l'Alfa Romeo de Giuseppe Farina prend le meilleur envol, quatre voitures allemandes la dépassent dès le premier tour. L'Auto Union d'Hermann Paul Müller s'installe résolument en tête, suivie par la Mercedes-Benz d'Hermann Lang, l'Auto Union de Tazio Nuvolari et la Mercedes-Benz de Rudolf Caracciola. La voiture de tête soulève des gerbes d'eau qui gênent la visibilité de ses poursuivants. Lang en colère tente à plusieurs reprises de dépasser, mais Müller ne tient pas compte des drapeaux bleus et reste devant.

Au bout d'une demi-heure de course, Richard Seaman, l'Anglais de chez Mercedes-Benz, remonte jusqu'en deuxième position. Il veut absolument s'imposer afin de se faire une place parmi les pilotes allemands privilégiés par l'écurie. Conscient de cette pression, Caracciola force un peu trop son talent, part en tête-à-queue et culbute sans mal dans le fossé, au virage de la Source. Il rentre à pied au stand.

Quand Müller s'arrête pour ravitailler, les Mercedes-Benz de Seaman et Lang prennent le commandement et se livrent à un duel fratricide. Auto Union perd une voiture avec la sortie de route sans gravité du jeune Georg Meier, au cours du treizième tour. Huit boucles plus tard, la piste toujours humide piège Seaman, en bagarre avec son équipier. Cette fois, c'est très grave. Sa voiture est accidentée dans la ligne droite qui mène au virage de la Fourche. Le bolide a heurté un arbre latéralement avant de prendre feu. Son pilote, bloqué dans l'habitacle par son volant, ne peut se dégager seul. Il est grièvement brûlé lorsque les secours parviennent à l'extraire. L'Anglais de 26 ans succombera à ses blessures durant la nuit à l'hôpital. Lang voit la scène. Choqué, il stoppe brièvement à son stand pour informer son équipe.

Quelques minutes après, c'est Nuvolari qui part à la faute alors qu'il remonte rapidement sur Lang ; châssis faussé, il abandonne. Au trentième tour, il ne reste plus que six voitures en course.

Au bord de la panne sèche, le leader rentre au stand en roue libre car l'équipe Mercedes, perturbée par l'accident de Seaman, a oublié de l'appeler à ravitailler. Quelques litres d'essence sont rapidement ajoutés. Lorsqu'il reprend la piste, l'Auto Union de Rudolf Hasse vient juste de passer. Un ultime effort permet à Hermann Lang de repasser son adversaire et de gagner avec quelques secondes d'avance, signant là son premier succès en championnat d'Europe.

1946 : Chaboud contient Levegh

16 juin 1946, circuit du Bois de la Cambre (3,7 km)

1. Eugène Chaboud (Delahaye) en 1 h 7 min 45,2 s
2. Pierre Levegh (Talbot) à 4 s
3. Raymond Sommer (Talbot) à 2 min

Passée la Seconde Guerre mondiale, la Commission sportive internationale (CSI) de la Fédération internationale de l'automobile (FIA) harmonise la réglementation en créant la « Formule de Course Internationale A ». On l'abrège un peu plus tard en Formule A, puis en Formule 1 à partir de 1949, mais il s'agit bien des débuts de la catégorie reine.

C'est toutefois avec des voitures de la catégorie Sport que Bruxelles accueille exceptionnellement le Grand Prix de Belgique 1946. Le circuit de Spa-Francorchamps ayant souffert de la bataille des Ardennes, un tracé de 3,7 km traverse le Bois de la Cambre. L'épreuve se dispute sous la pluie.

Louis Chiron mène la course mais il est lâché par la pompe à essence de sa Talbot dès le cinquième tour. Eugène Chaboud, Pierre Levegh et Raymond Sommer se disputent le commandement en bouclant des tours à 110 km/h de moyenne.

Le public voit bien que la Talbot de Levegh est plus rapide que la Delahaye de Chaboud, mais ce dernier ne commet aucune faute qui ouvrirait la porte à son adversaire. Ils se tiennent roue dans roue jusqu'à l'arrivée, qu'ils franchissent séparés de seulement quatre secondes. Sommer, décroché, complète le podium.

1947 : Wimille trahit Varzi

29 juin 1947, circuit de Spa-Francorchamps (35 tours)
1. Jean-Pierre Wimille (Alfa Romeo) en 3 h 18 min 28 s
2. Achille Varzi (Alfa Romeo) à 1 tour
3. Carlo Felice Trossi/Giovanbattista Guidotti (Alfa Romeo) à 2 tours

Deux ans après la fin de la Seconde Guerre mondiale, le circuit de Spa-Francorchamps est à nouveau prêt à accueillir les F1 conformes à la nouvelle réglementation. L'équipe Alfa Romeo est la première à présenter des monoplaces compétitives, versions allégées et plus puissantes des Alfetta 158 nées en 1938.

Dès les essais, Jean-Pierre Wimille annonce la couleur en poussant le bolide italien à plus de 167 km/h de moyenne sur un tour. Il se fait néanmoins une chaleur en effectuant un spectaculaire tête-à-queue qui se termine sans dommage. Les autres pilotes préfèrent ménager leur mécanique car le thermomètre annonce 38 degrés à l'ombre, canicule record depuis plus d'un siècle.

En course, les Alfa Romeo prennent le large comme prévu, Achille Varzi en tête, mais la Maserati de Raymond Sommer résiste en s'incrustant en deuxième position. Trossi, blessé au visage par la projection d'un visage, confie son volant à Guidotti le temps de se faire soigner.

Au cinquième passage, Wimille accélère et dépasse son compatriote puis son équipier. Malgré la consigne de course qui était de laisser gagner Varzi, le Français et l'Italien luttent sérieusement en tête. Varzi reprend l'avantage au onzième tour mais Wimille repasse devant au seizième.

Pendant ce temps, Sommer abandonne sur panne mécanique. Varzi revient au commandement au dix-neuvième passage mais, trois tours plus tard, il perd un temps précieux à faire colmater une fuite d'huile et Wimille s'installe définitivement en tête. Le pilote italien sauve néanmoins sa deuxième place mais il ne pardonnera jamais au Français de lui avoir ravi une victoire qui devait lui revenir.

1949 : La sobriété récompensée

19 juin 1949, circuit de Spa-Francorchamps (35 tours soit 517 km)
1. Louis Rosier (Talbot-Lago) en 3 h 15 min 17 s 7/10
2. Luigi Villoresi (Ferrari) à 49 s 1/10
3. Alberto Ascari (Ferrari) à 4 min 10 s 7/10

Les monoplaces italiennes se montrent les plus rapides lors des entraînements du Grand Prix de Belgique 1949. Luigi Villoresi (Ferrari) signe le meilleur temps devant Juan Manuel Fangio (Maserati).

Lorsque la course s'élance, Fangio ne va pas loin ; un piston de sa voiture rend l'âme dès la première boucle. Devant, son équipier Giuseppe Farina harcèle Villoresi. Leur duel dure huit tours, chacun passant l'autre, mais la bataille cesse lorsque le pilote de la Maserati part en dérapage à l'épingle de la Source et détruit sa direction. Au dixième passage, la Ferrari de Villoresi devance celle d'Alberto Ascari de 53 secondes et la Talbot de Philippe Étancelin d'une minute.

Pourtant, le scénario vire du rouge au bleu lorsqu'arrive l'heure des ravitaillements. Le moteur à compresseur des voitures italiennes est gourmand en essence et les contraint à passer deux fois par les stands. Les Talbot à moteur atmosphérique n'ont pas ce souci et peuvent couvrir toute la distance du grand prix sans s'arrêter.

Au premier arrêt de Villoresi, Étancelin prend la tête. Pas pour longtemps car, malgré tous ses efforts du Français, l'Italien repasse devant au quatorzième tour. En outre, la boîte de vitesse de la Talbot finit par céder.

Quand la Ferrari du leader ravitaille pour la seconde fois, c'est une autre monoplace bleue, celle de Louis Rosier, qui en profite pour prendre le commandement. Il reste treize boucles à couvrir et l'Italien compte vingt-cinq secondes de retard sur le Français. L'écart ne sera pas comblé car, outre la motivation décuplée de son conducteur, la Talbot s'allège de son carburant et finit par tourner aussi vite que les Ferrari dont les pneus se dégradent.

Cette première grande victoire de la Talbot-Lago T26C incitera Enzo Ferrari à mettre en chantier un moteur non suralimenté pour sa prochaine monoplace.

Soulignons aussi la cinquième place d'une Talbot jaune, celle de l'Écurie Belge, pilotée par l'enfant du pays, Johnny Claes.

LES GRANDS PRIX DU CHAMPIONNAT DU MONDE

1950 : Les Alfetta reines de la vitesse

18 juin 1950, circuit de Spa-Francorchamps (35 tours soit 494,2 km)
1. Juan Manuel Fangio (Alfa Romeo) en 2 h 47 min 26 s
2. Luigi Fagioli (Alfa Romeo) à 14 s
3. Louis Rosier (Talbot-Lago) à 2 min 19 s

À partir de 1950, le Grand Prix de Belgique compte pour le nouveau Championnat du monde des pilotes. La Formule 1 atteint l'âge de raison et l'encadrement des épreuves ne laisse plus rien au hasard. Par exemple, la grille de départ, précédemment fixée selon le bon vouloir des organisateurs, est désormais déterminée par les temps des essais.

C'est l'ère de la vitesse reine, aussi le circuit de Spa-Francorchamps a-t-il été repensé pour le Grand Prix. À l'exception du seul virage lent de La Source, toutes les autres courbes ont été redressées et la chaussée élargie. En course, dans la descente de Masta, on chronométrera Luigi Fagioli à 323 km/h !

Sur ce circuit extrêmement rapide, les trois Alfa Romeo sont favorisées et forment la première ligne de la grille. Giuseppe Farina obtient la pole position grâce à un temps de 4 min 37 s, identique à celui de Juan Manuel Fangio mais établi plus tôt. Fagioli suit à quatre secondes.

Seul local engagé, Johnny Claes ne peut pas tourner durant les essais car le camion de l'Écurie Belge est tombé en panne. Le pilote va chercher sa Talbot-Lago et l'amène à Spa par la route ! Après un changement de culasse effectué dans la nuit précédant la course, Claes peut enfin effectuer quelques tours de rodage et s'aligner au départ, mais en dernière position.

Fangio et Farina prennent immédiatement les devants au départ, donné par un temps chaud et ensoleillé. Un Raymond Sommer très combatif, sur sa Talbot-Lago, occupe la quatrième place et prend même la tête pendant cinq tours lorsque les Alfa Romeo doivent s'arrêter une à une pour faire le plein. Chacun se souvient alors du scénario de l'année précédente, où la voiture française s'imposa grâce à sa moindre consommation. Cependant, cette fois, le moteur de la voiture de Sommer explose au vingtième tour, alors qu'il occupe la troisième place, au milieu des Alfa Romeo. Le Français se retire sous les acclamations du public.

Le triplé italien qui se profile est toutefois compromis par une baisse de pression d'huile sur la monoplace de Farina. Les points de la quatrième place sauvée par le pilote italien, qui termine au ralenti, s'avéreront décisifs en fin de saison et lui octroieront le titre de champion du monde.

C'est une autre Talbot, pilotée par le vainqueur de 1949, Louis Rosier, qui monte sur la troisième marche du podium, malgré des soucis de boîte de vitesse.

Johnny Claes se classe huitième, à trois tours du vainqueur.

1951 : Fangio, le perdant acclamé

17 juin 1951, circuit de Spa-Francorchamps (36 tours soit 508 km)
1. Giuseppe Farina (Alfa Romeo) en 2 h 45 min 46 s
2. Alberto Ascari (Ferrari) à 2 min 51 s
3. Luigi Villoresi (Ferrari) à 4 min 22 s

Les Maserati officielles sont absentes pour la première fois depuis la naissance de la Formule 1. On s'attend à ce que les ravitaillements jouent un rôle décisif, comme les deux années précédentes, car les Alfa Romeo auront besoin de refaire le plein deux fois, les Ferrari une seule. Si les Talbot-Lago — toutes privées — peuvent toujours se passer de remettre de l'essence, elles rendent au moins une vingtaine de secondes par tour aux voitures italiennes, ce qui ne les rend pas menaçantes pour la victoire… sauf imprévu.

Deux pilotes belges sont au départ : Johnny Claes avec son Écurie Belge et André Pilette avec l'Écurie Belgique. Tous deux sont au volant de Talbot.

À l'issue des séances d'entraînement, les six monoplaces rouges occupent les six premières places de la grille de départ ; les sept voitures françaises se contentent des sept dernières. Juan Manuel Fangio, vainqueur de la première épreuve de la saison, signe le meilleur temps et fait figure de grand favori.

Le départ est donné sous un soleil éclatant et Luigi Villoresi (Ferrari) surprend tout le monde, passant le premier à l'Eau rouge. Fangio, qui a trop fait patiner ses roues, n'est que quatrième. Giuseppe Farina (Alfa Romeo) talonne le leader, prend l'avantage à Malmedy mais le perd à Stavelot. Jusqu'au troisième tour, ils échangent dix fois leurs positions. Puis Farina prend définitivement le dessus et impose un rythme soutenu. Les Ferrari commencent à décrocher. Fangio cravache et revient dans le sillage de son équipier.

Au quatorzième passage, Farina est le premier à s'arrêter au stand Alfa Romeo pour ravitailler en carburant et remplacer ses roues arrière. Fangio, bref leader, en fait autant au tour suivant, mais c'est là qu'il perd toutes chances de bien figurer. La roue arrière gauche est impossible à extraire, coincée sur son essieu. Les mécaniciens déploient tous les moyens possibles. Il faut un tire-moyeu pour extraire ensemble la roue et son tambour de frein. De longues minutes s'écoulent. Le pilote argentin sort de son cockpit, observe les opérations, essuie calmement la visière de son casque, prend un rafraîchissement. Il n'affiche pas le moindre signe d'agacement. Près d'un quart d'heure s'écoule avant qu'il ne puisse repartir, copieusement applaudi malgré ses quatre tours de retard.

Une fois passées toutes ces émotions, la course se poursuit avec une régularité de métronome. Farina, seul rescapé de l'équipe Alfa Romeo après l'abandon de Consalvo Sanesi, maintient son avance sur les Ferrari et s'impose à 184 km/h de moyenne, équivalente au record du tour de l'année précédente. Par la même occasion, il prend la tête du championnat devant Fangio.

André Pilette et Johnny Claes se classent respectivement sixième et septième, à trois tours du leader.

1952 : Le nouveau patron se prénomme Alberto

22 juin 1952, circuit de Spa-Francorchamps (36 tours soit 508 km)
1. Alberto Ascari (Ferrari) en 3 h 3 min 46 s
2. Giuseppe Farina (Ferrari) à 1 min 55 s
3. Robert Manzon (Gordini) à 4 min 28 s

La pluie et le froid ne rebutent pas quelque 50 000 spectateurs d'assister au deuxième grand prix européen de la saison 1952. Cette année, faute d'un plateau de F1 suffisamment étoffé depuis le retrait d'Alfa Romeo, le championnat se dispute avec des monoplaces de Formule 2. Les organisateurs belges ont hésité à maintenir la course pour cette catégorie. Ils ont bien fait de ne pas renoncer car les F2 gagnent en agilité ce qu'elles perdent en vitesse pure. Le spectacle ne déçoit pas.

Les bolides rouges d'Enzo Ferrari sont plus que favoris : pas un seul grand prix ne leur échappera. L'ouverture de la saison, sur le circuit suisse de Bremgarten, était revenue à Piero Taruffi car le leader de la *Scuderia*, Alberto Ascari, tentait au même moment sa chance outre-Atlantique, dans les 500 Miles d'Indianapolis. À Spa, le fils d'Antonio Ascari, victorieux ici même en 1925, effectue son entrée dans un championnat qu'il va dominer outrageusement en remportant les six courses auxquelles il participe. Pas de doute, c'est lui le patron.

Dès les essais qualificatifs, il devance respectivement de trois et neuf secondes ses équipiers Farina et Taruffi. Les Gordini de Manzon et Behra suivent à quinze et dix-neuf secondes. Le reste du peloton est emmené par un jeune Anglais qui débute ici avec brio au volant d'une Cooper-Bristol ; il se nomme Mike Hawthorn et rivalisera bientôt avec les meilleurs.

Le plus véloce des cinq pilotes belges au départ, Paul Frère, signe le huitième temps au volant d'une HWM-Alta. Charles de Tornaco part treizième avec la Ferrari de l'Écurie Francorchamps. Johnny Claes (Gordini), Roger Laurent (HWM) et Arthur Legat (Veritas) sont groupés de la dix-neuvième à la vingt et unième place de la grille de départ. À part l'expérimenté Claes, tous débutent en grand prix.

Sur une piste humide par endroits, à l'adhérence aléatoire, les Ferrari s'élancent prudemment, au contraire de Jean Behra qui prend tous les risques pour boucler le premier tour en tête. Trop fougueux, dès le deuxième tour, il part en dérapage incontrôlé à l'épingle de la Source et laisse ainsi filer Ascari et Farina. Le jeune Hawthorn épate la galerie et tenant fermement la quatrième place.

Au tiers de l'épreuve, Taruffi finit par revenir sur Behra. Toutefois, peu après l'avoir dépassé, il perd le contrôle de sa monoplace à Malmedy. La Ferrari et la Gordini se percutent à haute vitesse et, avec beaucoup de chance, leurs pilotes sont éjectés sans être blessés.

Une autre Gordini, celle de Manzon, s'installe alors à la troisième place. Hawthorn ne peut guère lui résister car une fuite d'essence s'est déclarée sur sa Cooper qui doit ravitailler à deux reprises pour atteindre l'arrivée à une probante quatrième place.

Le public local applaudit tout autant le cinquième pilote classé, car il s'agit du journaliste belge Paul Frère, qui manie aussi bien le volant que la plume. Charles de Tornaco et Johnny Claes terminent groupés aux septième et huitième places. Roger Laurent et Arthur Legat font de même, douzième et treizième.

1953 : Ascari plus fiable que rapide

21 juin 1953, circuit de Spa-Francorchamps (36 tours soit 508 km)
1. Alberto Ascari (Ferrari) en 2 h 48 min 30 s
2. Luigi Villoresi (Ferrari) à 2 min 48 s
3. Onofre Marimon (Maserati) à 1 tour

Victorieux pour la troisième fois en trois grands prix — hors Indianapolis —, Alberto Ascari est déjà promis à un second sacre consécutif au soir du Grand Prix de Belgique 1953. Pourtant, la répétition de son succès de 1952 n'est facile qu'en apparence. Contrairement à l'année précédente, les Ferrari ne sont plus les seules monoplaces compétitives sur le Toboggan des Ardennes. Il faut compter avec les Maserati confiées à Juan-Manuel Fangio, Jose-Froilan Gonzalez, Onofre Marimon et à un pigiste local, le Belge Johnny Claes.

Dès les qualifications, la rivalité italo-italienne est à son comble. Si la Maserati de Fangio signe le meilleur temps, ce n'est qu'avec deux secondes d'avance sur la Ferrari d'Ascari, lui-même ex æquo avec la Maserati de Gonzalez. Suivent les Ferrari de Giuseppe Farina et de Luigi Villoresi, la Maserati de Marimon puis la Ferrari de Mike Hawthorn. L'alternance des deux firmes italiennes est presque aussi régulière que des couches de lasagnes. Pour son unique grand prix de championnat chez Maserati, Johnny Claes signe le dixième temps, à vingt secondes de Fangio. Déçu, il demande à l'Argentin de tester sa monoplace. Ce dernier réédite alors ses temps canon et conseille à son équipier de « freiner moins et accélérer plus » !

Pas moins de six autres pilotes belges s'engagent dans leur grand prix national : Paul Frère sur une HWM-Alta officielle (11e temps), André Pilette sur une Connaught-Lea Francis de l'Écurie Belge (18e), Arthur Legat sur sa Veritas (19e), Georges Berger sur une antique Simca-Gordini de 1949 (20e), Jacques Swaters et Charles de

Tornaco sur deux Ferrari de l'Écurie Francorchamps qui ne prennent finalement pas la piste.

Devant quelque 100 000 spectateurs, les Maserati de Gonzalez et Fangio prennent le large dès le départ, car elles ont choisi de s'élancer avec leurs réservoirs à moitié pleins pour ravitailler à la mi-course, alors que les Ferrari veulent effectuer tout le grand prix sans passer par les stands. Trahi par sa transmission, le malheureux Legat ne peut même pas boucler un tour. Berger ne va guère plus loin, son moteur rendant l'âme au troisième passage.

Au tiers de l'épreuve, Gonzalez, parti à une folle allure, a déjà pris vingt secondes à Fangio et cinquante à Ascari. Hélas, la fiabilité des Maserati va mettre des bâtons dans les roues des deux leaders. Après 11 tours, le « Taureau argentin » est soudain privé de sa commande d'accélérateur et s'immobilise à Stavelot. Mais Gonzalez ne veut pas renoncer ; il insiste tant que deux gendarmes acceptent de le conduire en Jeep jusqu'aux stands, où il compte demander que Claes lui cède sa voiture. Son plan échoue car, entretemps, Fangio tombe en panne de moteur et est le premier à réquisitionner la monoplace du pilote belge, alors neuvième.

La débandade des Maserati fait le bonheur des Ferrari. Le deuxième tiers de la course voit Ascari devancer de deux minutes Hawthorn, qui résiste à la pression de Marimon. Après vingt-huit tours, une fuite de carburant retarde Hawthorn, contraint de ravitailler. Marimon opère également un court arrêt consécutif à une perte de puissance. Villoresi en profite pour assurer le doublé Ferrari.

Quant à Fangio, remonté jusqu'à la troisième place, il part à la faute à Stavelot, dans le dernier tour. La Maserati se retourne dans le fossé. Durant un instant, des spectateurs pensent que le champion argentin s'est tué. Fort heureusement, il se relève quasiment indemne mais privé de podium.

1954 : Fangio quitte Maserati sur un succès

20 juin 1954, circuit de Spa-Francorchamps (36 tours soit 508 km)
1. Juan-Manuel Fangio (Maserati) en 2 h 44 min 42 s
2. Maurice Trintignant (Ferrari) à 24 s
3. Stirling Moss (Maserati) à 1 tour

« Mercedes-Benz est de retour ! » Des premiers temps du sport automobile jusqu'à nos jours, en monoplace comme en endurance, cette annonce a toujours précédé des périodes difficiles pour les adversaires des *flèches d'argent* allemandes. Toutefois, les nouveaux bolides de Stuttgart ne sont pas encore prêts pour disputer les premiers grands prix de la saison 1954. L'aubaine est double pour Maserati : non seulement la firme italienne peut s'imposer deux fois sans trouver Mercedes sur son chemin mais, en outre, elle bénéficie du talent de Juan-Manuel Fangio qui, à partir du Grand Prix de France, passera derrière le volant des bolides allemands.

À Spa-Francorchamps, le champion argentin pilote donc une Maserati pour la dernière fois de la saison. La firme de Modène est représentée par trois voitures officielles et trois privées. Cinq Ferrari sont engagées, quatre rouges pour la *Scuderia* et une jaune pour l'Écurie Francorchamps de Jacques Swaters. Trois Gordini officielles complètent la grille, dont deux sont confiées aux Belges Paul Frère et André Pilette.

La *pole position* de Fangio ne garantit pas à l'Argentin une promenade de santé, car les Ferrari de Jose-Froilan Gonzalez et Giuseppe Farina ne pointent respectivement qu'à 1,5 et 3,9 secondes. Durant ces essais, le plus véloce des représentants belges est André Pilette, huitième temps, deux secondes devant Paul Frère, dixième. Jacques Swaters, bon dernier, vit un véritable calvaire en concédant plus de 32 secondes au *poleman*.

Le départ est mouvementé. Gonzalez est le plus prompt à s'élancer. Fangio manque complètement son envol, laissant sept adversaires le devancer. Dès le raidillon de l'Eau rouge, d'immenses flammes s'échappent de la Maserati de Roberto Mieres, dont la trappe d'essence a été mal fermée ; le pilote argentin se range rapidement sur le côté et s'en sort avec quelques brûlures superficielles.

Devant, Farina prend l'avantage, malgré le plâtre qu'il porte à la main depuis qu'il s'est cassé le bras début mai aux Mille Miles. Au premier passage sur la ligne, Fangio est déjà remonté en troisième position, derrière Farina et Hawthorn. Gonzalez ramène au ralenti une Ferrari qui abandonne déjà, piston crevé. Swaters ne va pas plus loin ; son moteur rend l'âme.

En tête, Fangio continue de cravacher et dépasse les deux Ferrari. Après quelques passes d'armes, l'Argentin finit par prendre le large. Pourtant, au onzième tour, Farina repasse devant à la faveur d'un court arrêt de Fangio : la visière de son casque se détache et il doit la remplacer par une paire de lunettes. Deux boucles plus tard, la Maserati est revenue sur la Ferrari et le duel recommence. Fangio prend l'avantage à Malmedy, Farina réplique à Masta, Fangio repasse en tête à Stavelot…

C'est la mécanique qui décide de l'issue du combat car, au quatorzième tour, la Ferrari contraint son pilote à l'abandon. Dès lors, Fangio peut lever le pied et laisser revenir Maurice Trintignant, encore tout auréolé de son récent succès aux 24 Heures du Mans. Le Français monte pour la première fois sur un podium de F1, tout comme Stirling Moss, troisième au volant de sa Maserati personnelle. Cinquième, André Pilette signe là son meilleur résultat en grand prix et marque les deux seuls points de sa carrière en championnat du monde.

1955 : Paul Frère au pied du podium

5 juin 1955, circuit de Spa-Francorchamps (36 tours soit 508 km)
1. Juan-Manuel Fangio (Mercedes-Benz) en 2 h 39 min 29 s
2. Stirling Moss (Mercedes-Benz) à 8,1 s
3. Giuseppe Farina (Ferrari) à 1 min 40,5 s

Le soleil brille sur Spa-Francorchamps, ce 5 juin 1955, mais les cœurs sont tristes dans le paddock. Un pilote est absent, laissant un immense vide : le grand Alberto Ascari a trouvé la mort dix jours auparavant, au volant d'une Ferrari qu'il testait en vue des 1 000 Km de Monza. Quatre jours avant cet accident fatal, sa monoplace avait plongé dans le port de Monaco, lors du grand prix ; les hommes-grenouilles l'avaient sauvé de la noyade. Le destin du champion du monde 1952 et 1953 a rejoint celui de son père, mort au volant d'une voiture de course trente ans auparavant.

Cette disparition sonne comme un coup de grâce pour la *Scuderia* Lancia, dont les finances sont au plus mal. Une seule monoplace est acheminée en Belgique, pour Eugenio Castellotti qui a insisté pour courir à Spa. C'est toutefois le chant du cygne car Lancia quitte définitivement la F1, après avoir disputé seulement quatre grands prix. L'écurie de course est rachetée par Fiat et confiée à Enzo Ferrari, qui fera triompher ces monoplaces en 1956.

La Lancia D50 est performante puisque le pilote italien signe la *pole position*. Elle seule peut rivaliser avec les Mercedes de Juan-Manuel Fangio et Stirling Moss, qui ne lui concèdent qu'une seconde. En l'absence de Johnny Claes, dont la Maserati ne prendra jamais la piste, Paul Frère est le seul pilote belge du plateau ; il qualifie sa Ferrari officielle en huitième position, devant celle de Maurice Trintignant, récent vainqueur du Grand Prix de Monaco.

Dès que les treize monoplaces s'élancent, Fangio prend la direction des opérations, suivi comme son ombre par son équipier Moss. Castellotti, troisième, est talonné par la Ferrari de Giuseppe Farina. La ronde est formée et, en tête, l'ordre ne changera guère jusqu'à l'arrivée : seul Castellotti abandonnera, peu avant la mi-course, trahi par sa boîte de vitesses.

Derrière aussi, les péripéties sont rares. Jean Behra abandonne sa Maserati dans un fossé et revient au stand pour s'installer dans la voiture de Roberto Mieres. En bagarre pour la quatrième place, Luigi Musso (Maserati) et Karl Kling (Mercedes) sont respectivement retardés par des ennuis d'allumage et par un changement de bougies. Paul Frère tire les marrons du feu en terminant ainsi au pied du podium.

Une semaine plus tard, un nouveau drame frappe le sport automobile avec la catastrophe des 24 Heures du Mans qui coûte la vie à 80 personnes, entraîne l'annulation de nombreuses compétitions et conduit au retrait de Mercedes-Benz à l'issue de la saison 1955.

1956 : Paul Frère monte sur le podium

3 juin 1956, circuit de Spa-Francorchamps (36 tours soit 508 km)
1. Peter Collins (Ferrari) en 2 h 40 min 0,3 s
2. Paul Frère (Ferrari) à 1 min 51,3 s
3. Cesare Perdisa/Striling Moss (Maserati) à 3 min 16,6 s

Le revêtement du circuit de Francorchamps est tout neuf, pour le Grand Prix de Belgique 1956 et les performances des F1 ont progressé. Ainsi, lors des essais qualificatifs, Juan-Manuel Fangio fait tomber une barrière mythique en bouclant deux tours à plus de 200 km/h de moyenne. Il devance de près de cinq secondes son plus proche rival, Striling Moss, passé chez Maserati.

Le pilote argentin effectue là son unique saison chez Ferrari et elle lui apportera son quatrième titre mondial. La *Scuderia* engage sous son nom les D50 développées un an auparavant par Lancia et revendues au groupe Fiat. L'une d'elles est confiée au journaliste et pilote belge Paul Frère. Une autre, initialement destinée à Mike Hawthorn, est finalement confiée à l'Équipe nationale belge, hâtivement repeinte en jaune et pilotée par André Pilette.

La course s'élance sous la pluie. Fangio manque son départ. Il est devancé par Moss, ses équipiers Eugenio Castellotti et Peter Collins ainsi que par la Maserati de Jean Behra. Dès Stavelot, l'Argentin dépasse le Français. Au deuxième tour, il devance Collins. Au troisième, il passe Castellotti. Au cinquième, il est en tête.

L'averse cesse et, au fur et à mesure de l'assèchement de la piste, Fangio bat et rebat le record absolu du circuit, à 197,5 km/h de moyenne. Moss tente vainement de suivre le rythme. Le triple champion du monde mène un train d'enfer.

Lors de son onzième passage dans le Raidillon, Striling Moss sent l'arrière de sa Maserati louvoyer, zigzaguer puis lui échapper complètement ; une roue se détache mais il parvient à se ranger sans dommage sur le bas-côté. Le Britannique court jusqu'aux stands où l'on réquisitionne pour lui la monoplace de Cesare Perdisa, sixième à cet instant.

Autour de la mi-course, la plupart des positions sont figées et les écarts creusés, mais le public belge se passionne pour la remontée de Paul Frère sur Jean Behra, alors troisième. Bien que privé de son quatrième rapport de boîte de vitesse, le Français résiste longuement au Belge.

Devant, personne ne semble pouvoir empêcher Fangio de décrocher un troisième succès consécutif à Francorchamps. C'est la mécanique qui s'en charge ; à Stavelot, durant le vingt-troisième tour, la transmission de la Ferrari rend l'âme. En roue libre, l'Argentin se range sur l'herbe.

Une autre monoplace de la *Scuderia*, celle de Peter Collins, hérite du commandement. Deux minutes derrière lui, galvanisé, Paul Frère dépasse enfin Jean Behra pour se hisser en deuxième position. La Maserati du Français a maintenant des ennuis de moteur et entame une longue et douloureuse descente dans les profondeurs du classement. Cela fait les affaires de son équipier Stirling Moss qui, sur une piste désormais tout à fait sèche, passe troisième et porte le record du meilleur tour en course à 199,576 km/h de moyenne.

À l'arrivée, Paul Frère monte sur un podium de F1 pour la première et dernière fois de sa carrière, car il ne courra plus jamais dans cette discipline, se spécialisant en endurance. Après une course très régulière, André Pilette se classe sixième, à la porte des points en cette époque où seuls les cinq meilleurs se classaient au Championnat du monde.

1958 : Tony Brooks en roue libre

15 juin 1958, circuit de Spa-Francorchamps (24 tours soit 338 km)
1. Tony Brooks (Vanwall) en 1 h 37 min 6,3 s
2. Mike Hawthorn (Ferrari) à 20,7 s
3. Stuart Lewis-Evans (Vanwall) à 3 min 0,9 s

Que de nouveautés pour les spectateurs du Grand Prix de Belgique 1958 ! Privés de Formule 1 l'année précédente, ils retrouvent une discipline en pleine révolution. D'une part, la durée des épreuves ayant été réduite, il n'est plus nécessaire d'embarquer d'énormes quantités de carburant ; place donc aux monoplaces plus fines et plus légères. D'autre part, les constructeurs britanniques, enfin au point, rangent au rayon du passé l'hégémonie des équipes italiennes. Enfin, signe des temps, il faut se faire à l'idée que les femmes savent conduire tout autant que les hommes, puisque voici en piste la première pilote de l'ère moderne de la F1 : l'Italienne Maria Teresa de Filippis au volant d'une Maserati privée.

Seul pilote belge sur la grille, Olivier Gendebien vient renforcer l'équipe officielle Ferrari. Il fait partie des six pilotes qui, lors des essais, bouclent en moins de quatre minutes les quatorze kilomètres de Francorchamps. Un nouveau record est tombé. Mike Hawthorn s'est montré le plus véloce, mais quatre Ferrari et deux Vanwall se tiennent dans un mouchoir de poche.

La chaleur est torride au moment de lâcher les bolides. Pour ne rien arranger, la procédure de départ est retardée par un problème de démarrage sur la Maserati de Masten Gregory. Les autres monoplaces surchauffent dangereusement ; Peter Collins (Ferrari) et Jean Behra (BRM) savent déjà que leurs moteurs ne tiendront pas longtemps. Quand le drapeau est abaissé, les Ferrari de Mike Hawthorn et Luigi Musso tardent à s'élancer.

Moss en a profité pour prendre le large mais, en sortant du virage de Stavelot, il rate une vitesse et fait un surrégime fatal à son moteur. Sans doute vient-il de perdre là les quelques points qui auraient dû faire de lui le champion du monde 1958 ; Moss ne sera jamais titré. Son équipier Tony Brooks boucle en tête le premier tour. Pour le pousser à la faute, Peter Collins le harcèle, se sachant lui-même condamné par un moteur surchauffé. Durant cinq tours intenses, les deux pilotes se livrent à une bataille sans merci.

Au freinage de la Source, Stuart Lewis-Evans endommage le capot de sa Vanwall en touchant la monoplace d'Olivier Gendebien, alors quatrième. Le moteur de la Ferrari jaune cale et son pilote doit la pousser jusqu'à la descente des stands pour la redémarrer et reprendre la course en toute dernière position.

Devant, Collins sent sa mécanique à bout de souffle et abandonne, laissant Brooks seul aux commandes. Deuxième, Hawthorn est perturbé à la vue des débris de la voiture de Musso, accidenté à Stavelot ; il croit qu'il s'agit de la monoplace de son ami Collins et baisse le rythme pendant quelques tours, laissant filer le leader.

Dans le dernier virage de la course, la Vanwall de Brooks reste bloquée au point mort ! Elle ne doit qu'à la descente qui suit la Source de pouvoir couper en tête la ligne d'arrivée. Piston crevé dans les derniers mètres, Hawthorn finit deuxième in extremis. Le dernier tour est également fatal à la suspension de la Vanwall de Lewis-Evans, ramenée de justesse à la troisième place.

Quatrième malgré un échappement cassé, la Lotus 16 de Cliff Allison inscrit les premiers points de l'histoire de l'écurie du génial Colin Chapman, qui marquera les années 1960 et 1970 de la F1.

1960 : La course doublement endeuillée

19 juin 1960, circuit de Spa-Francorchamps (36 tours soit 508 km)
1. Jack Brabham (Cooper-Climax) en 2 h 21 min 37,3 s
2. Bruce McLaren (Cooper-Climax) à 1 min 3,3 s
3. Olivier Gendebien (Cooper-Climax) à 1 tour

Il y a quelques dates à jamais marquées de noir dans l'histoire du sport automobile. Le 11 juin 1955 fut la plus terrible, avec quatre-vingts spectateurs fauchés par la voiture de Pierre Levegh aux 24 Heures du Mans. Plus près de nous, le 1er mai 1994 vit disparaître le légendaire Ayrton Senna lors du Grand Prix de Saint-Marin, au lendemain de la mort de Roland Ratzenberger lors des essais.

Le 19 juin 1960 est aussi une date doublement endeuillée, avec la perte de deux espoirs de la F1 sur le circuit de Spa-Francorchamps. Comme à Imola, les essais semblent annoncer le drame qui se prépare. La dernière séance d'entraînement, le samedi, met en alerte.

C'est tout d'abord Striling Moss qui est accidenté dans le virage de Burnenville. Sa Lotus se retrouve sur trois roues à quelque 225 km/h, à cause de la rupture d'un moyeu arrière. Violemment éjecté, le pilote britannique se fracture le nez, les deux jambes et trois vertèbres. C'en est fini de ses espoirs de titre mondial cette saison.

Quelques instants après Moss, c'est Mike Taylor qui sort brutalement au virage de la Carrière. Privée de direction, sa Lotus s'encastre dans les arbres qui bordent la piste. Il n'aura plus l'usage de ses jambes durant de longues années et ne remontera jamais dans une F1. Il devait disputer à Spa son second grand prix.

Sur la grille de départ, seule la Ferrari de Phil Hill est parvenue à s'intercaler, en troisième position, entre les Cooper de Jack Brabham, Bruce McLaren et Olivier Gendebien. Les deux premiers pilotent des voitures officielles, tandis que le Belge intègre le Yeoman Credit Racing Team.

Deux de ses compatriotes prennent part à l'épreuve : Willy Mairesse découvre la F1 au sein de la *Scuderia* Ferrari et Lucien Bianchi dispute son deuxième grand prix avec une antique Cooper-Climax T45 de l'Équipe nationale belge.

Sous un ciel chaud et lourd, la course s'élance sans trop de suspense sur le nom du futur vainqueur. Jack Brabham vire en tête au premier virage et creuse déjà l'écart sur Phil Hill. L'Australien se permet même d'établir un nouveau record de la piste en 3 min 51,9 s.

Plus loin, la Ferrari de Willy Mairesse et la Cooper de Chris Bristow sont au coude à coude pour la sixième place. Au moment d'aborder pour la vingtième fois le virage de Burnenville, l'Anglais dévie à peine de sa trajectoire. La monoplace dérape à plus de 200 km/h et se dirige contre les clôtures des champs qui bordent le circuit. Bristow est projeté sur un fil de fer barbelé qui le décapite.

La Lotus d'Alan Stacey quitte la route au même endroit, cinq tours plus tard, sans raison apparente. Son pilote menait une course sage et régulière, parvenu en sixième position. La monoplace se retourne et s'enflamme. Stacey, éjecté et grièvement blessé, meurt dans l'ambulance qui le conduit à l'hôpital. Des plumes retrouvées sur son casque et ses lunettes permettent de supposer qu'il a été heurté par un oiseau en plein visage.

Devant, Phil Hill est retardé par une fuite d'huile. Graham Hill hérite de la deuxième place, mais le moteur de sa BRM cède dans le tout dernier tour. Willy Mairesse abandonne à cause d'une panne de transmission. Dans une ambiance plombée, Jack Brabham s'impose devant son équipier Bruce McLaren. Olivier Gendebien, malgré un moteur moribond, sauve de justesse sa troisième place. Lucien Bianchi se classe sixième.

1961 : Olivier Gendebien aux avant-postes

18 juin 1961, circuit de Spa-Francorchamps (30 tours soit 423 km)
1. Phil Hill (Ferrari) en 2 h 3 min 3,8 s
2. Wolfgang von Trips (Ferrari) à 0,7 s
3. Richie Ginther (Ferrari) à 19,5 s

La formule a changé. Les F1 de 1961 n'ont plus qu'une cylindrée de 1 500 cc, contre 2 500 cc précédemment. La *Scuderia* Ferrari a été la plus prompte à s'adapter à ce nouveau règlement et domine nettement le début de saison. Les autres équipes sont si peu menaçantes que le *Commendatore* peut laisser ses pilotes en découdre entre eux.

Trois monoplaces rouges, confiées à Wolgang von Trips, Phil Hill et Richie Ginther, vont dominer les débats en Belgique. Seule une Ferrari jaune viendra se mêler à leur lutte, confiée par la *Scuderia* à l'Équipe nationale belge pour le local Olivier Gendebien. L'ENB engage également deux Emeryson pour Willy Mairesse et Lucien Bianchi.

Dès les qualifications du vendredi, quand Cliff Allison écrase sa Lotus à Blanchimont, on se souvient du terrible grand prix de l'année précédente. Le Britannique souffre d'une double fracture aux jambes qui met un point final à sa carrière de pilote.

Quelques tours suffisent à Mairesse et Bianchi pour comprendre que rien ne peut sauver le comportement catastrophique de leurs Emeryson. Ils refusent de les piloter en course. Alors, l'ENB leur loue au débotté les Lotus de Tony Marsh et Wolfgang Seidel, qui ont renoncé à participer à la course car leurs temps trop modestes aux essais ne leur permettent pas d'encaisser la prime de départ. Les deux Belges démarreront en fond de grille.

Leur compatriote Gendebien, lui, s'élance de la première ligne, pour avoir signé le troisième meilleur temps des qualifications. Dès les premiers tours, il confirme qu'il a sa place parmi les leaders. Une fois débarrassées de Graham Hill, auteur d'un départ canon mais vite handicapé par la moindre puissance de sa BRM, les Ferrari de Phil Hill, Olivier Gendebien et Wolfgang von Trips prennent rapidement le large.

La bagarre à trois est somptueuse. Plusieurs fois par tour, les pilotes se passent, se repassent, se dépassent encore. À trois reprises, la foule exulte en voyant la monoplace jaune pointer en tête ! Toutefois, Gendebien a la sagesse de ne pas tenter l'impossible au volant d'une Ferrari qu'il sait un peu moins puissante que les voitures d'usine. Au tiers de l'épreuve, il lève le pied et assure sa troisième place. Il sera bientôt rejoint et dépassé par la troisième monoplace rouge, celle de Richie Ginther.

Dans le même temps, Willy Mairesse ouvre la liste des abandons, trahi par son moteur. Lucien Bianchi ne tarde pas à l'imiter, à cause d'une fuite d'huile.

Déchaînés, chacun voulant prouver qu'il est le plus rapide de la *Scuderia*, Hill et von Trips se battent comme des chiffonniers, offrant au public l'un des plus beaux duels jamais vus à Francorchamps. Inquiet du rythme élevé ainsi mené, Romolo Tavoni, directeur sportif de Ferrari, siffle la fin de la récréation aux deux tiers de la course ; il fige les positions pour les dix derniers tours : Hill, von Trips, Ginther et Gendebien. Les quatre monoplaces italiennes monopolisent les quatre premières places.

1962 : Willy Mairesse leader puis accidenté

17 juin 1962, circuit de Spa-Francorchamps (32 tours soit 451 km)
1. Jim Clark (Lotus-Climax) en 2 h 7 min 32,3 s
2. Graham Hill (BRM) à 44,1 s
3. Phil Hill (Ferrari) à 2 min 6,5 s

Les années se suivent mais ne se ressemblent pas pour la *Scuderia* Ferrari. L'avantage qui lui avait permis de signer un remarquable quadruplé en 1961 a fondu comme neige des Ardennes au soleil du printemps 1962. Désormais, les constructeurs britanniques maîtrisent elles aussi la F1 de 1 500 cc.

En outre, Colin Chapman introduit une révolution en alignant une inédite Lotus monocoque, structure quatre fois plus rigide que les châssis tubulaires. La voiture est basse, légère et pilotée par un Jim Clark à qui l'on prédit un brillant avenir, même s'il court toujours après son premier succès.

Comme l'an passé, Ferrari compte un Belge parmi ses pilotes. Ce n'est pas Olivier Gendebien, qui a renoncé à la F1 pour mieux terminer sa carrière en endurance, mais Willy Mairesse, également grand connaisseur du tracé de Francorchamps. Quant à Lucien Bianchi, fidèle à l'Équipe Nationale Belge, il s'aligne sur une Lotus qui n'est plus de première jeunesse.

La surprise des qualifications est signée Trevor Taylor, second pilote Lotus, qui s'offre le meilleur chrono de la première séance et le troisième temps absolu, alors qu'il roule pour la première fois sur le « toboggan des Ardennes ». Son leader, aux prises avec des problèmes de moteur, partira en milieu de grille. La *pole* échoit à Graham Hill (BRM) pour la première fois de sa carrière. Bruce McLaren (Cooper) est deuxième des essais. Willy Mairesse réalise le sixième temps et Lucien Bianchi, le dix-huitième.

Devant 90 000 spectateurs chauffés par le soleil, cinq hommes prennent les devants et ne se lâchent pas d'une semelle durant les sept premiers tours. Taylor et Mairesse se livrent à un splendide chassé-croisé en tête. À plusieurs reprises, le Belge passe en leader devant des tribunes toutes acquises à sa cause. Hill et McLaren sont assez près pour apprécier le duel. Dans leurs échappements, Clark observe sagement, le temps de s'assurer du bon fonctionnement du moteur installé dans sa monoplace durant la nuit.

Au quart de l'épreuve, Jim Clark passe à l'attaque et s'installe fermement en tête. Seul Trevor Taylor parvient à suivre son rythme. Les deux Lotus sont seules au monde. Le record du tour est porté à plus de 215 km/h de moyenne.

Juste après la mi-course, Taylor perd plusieurs secondes en ratant son freinage à l'épingle de la Source. Son leader s'éloigne mais, surtout, Mairesse est de retour. Le duel reprend avec pour enjeu, cette fois, la deuxième place. La lutte est intense. Huit tours durant, la Lotus et la Ferrari sont au coude à coude, l'une prenant l'avantage pour le reperdre au profit de l'autre un peu plus loin.

Hélas, au vingt-sixième passage dans Blanchimont, l'affaire tourne mal. Les deux monoplaces s'accrochent et foncent vers le talus. La Lotus sectionne un poteau télégraphique. La Ferrari se retourne et s'embrase. Leurs pilotes sont éjectés ; Trevor Taylor est quasiment indemne, Willy Mairesse est brûlé au visage et aux jambes.

Graham Hill, handicapé par un moteur capricieux, hérite ainsi d'une deuxième place inespérée, quarante secondes derrière un Jim Clark intouchable qui file vers la première victoire de sa carrière en championnat du monde. Une dernière lutte tient le public en haleine, opposant les Ferrari de Phil Hill et Ricardo Rodriguez ; ils arrivent dans cet ordre, seulement séparés par un dixième de seconde. Lucien Bianchi termine en neuvième position.

1963 : Jim Clark émerge de l'orage

9 juin 1963, circuit de Spa-Francorchamps (32 tours soit 451 km)
1. Jim Clark (Lotus-Climax) en 2 h 27 min 47 s
2. Bruce McLaren (Cooper-Climax) à 4 min 54 s
3. Dan Gurney (Brabham-Climax) à 1 tour

Trahi par sa mécanique alors qu'il dominait à Monaco, deuxième mais vainqueur moral à Indianapolis, Jim Clark a soif de revanche en arrivant à Spa. Pour cela, il lui faudra venir à bout de Graham Hill, son principal rival tant les BRM et les Lotus dominent ce début de saison. Le flegmatique moustachu confirme son statut en signant le meilleur temps des essais, alors que le septième chrono de Clark déçoit. Comme en Principauté, sa boîte de vitesse s'échauffe excessivement sous la puissance du 8 cylindres Coventry-Climax.

Mais le public belge n'a d'yeux que pour la Ferrari qui pointe en première ligne, pilotée par Willy Mairesse. Chacun veut croire en ses chances de signer un exploit, ce qui n'est hélas pas le cas de l'autre enfant du pays, Lucien Bianchi, dont la modeste Lola ne lui permet de réaliser que le 16e temps des qualifications.

Le départ est donné entre deux orages. Surgi depuis la troisième ligne comme un diable sort de sa boîte, Jim Clark déborde tout le monde par l'extérieur et s'engouffre en tête dans l'Eau rouge, au nez et à la barbe d'un Graham Hill surpris mais pas déstabilisé.

À l'inverse, Mairesse a raté son envol et pointe cinquième. La déception du public est bien vite chassée par les annonces enthousiastes du speaker : dans chaque virage du circuit, la Ferrari du pilote belge attaque à tout-va. Dès le deuxième tour, il se montre en troisième position, ayant pris le meilleur sur les Brabham de Dan Gurney et de Jack Brabham.

Au tour suivant, c'est un festival qui s'annonce, avec cinq voitures différentes aux cinq premières places : Clark (Lotus), Hill (BRM), Mairesse (Ferrari), Brabham (Brabham) et McLaren (Cooper). Hélas, la promesse tourne court. Douche froide sur le public, Mairesse s'arrête longuement à son stand, repart pour un tour puis abandonne, moteur cassé.

John Surtees sauve l'honneur de Ferrari en remontant avec brio jusqu'à la troisième place, mais loin des deux intouchables leaders. Clark caracole devant avec une dizaine de secondes d'avance sur Hill. Le peloton est distancé d'environ quarante secondes.

Surtees tente de grignoter ce retard ; il y laisse sa mécanique qui faiblit puis le lâche après dix-neuf tours. Graham Hill ne va pas plus loin, trahi par sa boîte de vitesses. Jim Clark est alors seul au monde, une minute et vingt secondes devant Dan Gurney. La Lotus s'offre son meilleur tour en course au seizième passage en 3 min 58,1 s.

Soudain, les nuages noirs qui plombaient le ciel ouvrent les vannes. C'est un véritable déluge qui s'abat sur Francorchamps. Les spectateurs glissent sur l'herbe mouillée et la boue. La visibilité des pilotes est réduite à quelques dizaines de mètres. On en vient à se demander s'ils pourront gagner l'arrivée. Plusieurs concurrents quittent la piste sans gravité mais doivent abandonner, dont Lucien Bianchi. Le rythme est considérablement ralenti : Clark tourne en plus de six minutes et demie ! Il se laisse même dépasser par Bruce McLaren sans résister… car le Néo-Zélandais comptait un tour de retard. Sa Cooper est bien la seule monoplace à tourner moins lentement que les autres, ce qui lui permet de ravir la deuxième place à Dan Gurney ; l'Américain est déjà bien heureux d'offrir au constructeur Brabham son premier podium.

Jim Clark signe son premier succès de la saison 1963 qui le mènera à son premier titre de champion du monde.

1964 : Trois leaders à court d'essence

14 juin 1964, circuit de Spa-Francorchamps (32 tours soit 451 km)
1. Jim Clark (Lotus-Climax) en 2 h 6 min 40,5 s
2. Bruce McLaren (Cooper-Climax) à 3,4 s
3. Jack Brabham (Brabham-Climax) à 48,1 s

Dan Gurney adore Spa-Francorchamps. « Ce circuit différencie les hommes des petits garçons » aime dire l'Américain qui peut exprimer toute sa fougue dans les courbes rapides et les longues lignes droites du *Toboggan des Ardennes*. Et, quand la mécanique est digne de son coup de volant, le pilote est imbattable.

C'est le cas en ce printemps 1964 où sa Brabham-Climax écrase la concurrence. Durant les deux séances de qualifications, Gurney relègue ses trois plus proches poursuivants à près de deux secondes : Graham Hill (BRM), Jack Brabham (Brabham) et Peter Arundell (Lotus). Les autres sont franchement largués : John Surtees (Ferrari) à 4,3 s, Jim Clark (Lotus) et Bruce McLaren (Cooper) à 5,3 s, etc. Le débutant Peter Revson se fait remarquer avec son dixième temps, juste devant son équipier Chris Amon.

Tenant du titre, Clark comptait sur la nouvelle Lotus 33 pour jouer les premiers rôles, mais la mécanique n'est pas encore au point. L'Écossais choisit de disputer la course avec la Lotus 25, moins lente que sa petite sœur. Pour autant, il ne se fait guère d'illusions sur ses chances de bien figurer.

Passons vite sur le chrono du seul pilote belge engagé cette année ; André Pilette est au volant d'une Emeryson qui, rebaptisée Scirocco, n'avance toujours pas. Il est bon dernier des essais, à 32 secondes de la *pole position* et à plus de 14 secondes de l'avant-dernier !

Si Arundell fait illusion durant quelques hectomètres en prenant le meilleur départ, il est rapidement déposé par Gurney, Surtees, Clark et Hill. Poussée à fond par son pilote, la Ferrari pointe même en tête au troisième passage. Ce sera aussi son dernier, Surtees rentrant au stand au ralenti, piston crevé.

Dès lors, c'est un cavalier seul de Dan Gurney qui prend en moyenne plus d'une seconde au tour à ses poursuivants. Le spectacle se joue derrière : toujours groupés, Graham Hill, Jim Clark et Bruce McLaren échangent constamment leurs places. La BRM finit par prendre un léger avantage.

À cinq tours de l'arrivée, afin de préserver son moteur qui surchauffe, Clark passe rapidement par les stands pour remettre de l'eau dans le radiateur. Il assure ainsi la quatrième place.

Mais, devant, Gurney sent qu'il manque d'essence ; son moteur coupe dans les virages. Il se précipite dans le stand Brabham… où l'on n'a rien prévu pour un ravitaillement en carburant ! Bredouille, l'Américain reprend la piste et, dans le dernier tour, finit par s'arrêter pour de bon sur le bord du circuit.

Graham Hill, qui vient d'hériter du commandement, ne voit pas non plus le drapeau à damier, immobilisé dans son ultime boucle par sa pompe à essence défaillante !

Leader inespéré, Bruce McLaren file devant quand, à son tour, il sent les symptômes de la panne d'essence. Il franchit l'épingle de la Source au ralenti et descend en roue libre vers la ligne d'arrivée. Avant qu'il ne l'atteigne, Jim Clark est revenu sur lui et le dépasse sur le fil ! Après quoi, l'Écossais tombe à son tour à court de carburant, mais c'est dans son tour de décélération, après être devenu le premier pilote à remporter trois années consécutives le Grand Prix de Belgique.

1965 : Clark puissance quatre

13 juin 1965, circuit de Spa-Francorchamps (32 tours soit 451 km)

1. Jim Clark (Lotus-Climax) en 2 h 23 min 34,8 s
2. Jackie Stewart (BRM) à 44,8 s
3. Bruce McLaren (Cooper-Climax) à 1 tour

Une monoplace rouge orne la couverture du programme du 25e Grand Prix de Belgique, également Grand Prix d'Europe. Toutefois, les essais qualificatifs, épargnés par la pluie, démontrent rapidement que, sauf surprise, les Ferrari devront se contenter des seconds rôles, derrière les indétrônables BRM, Lotus et Brabham.

Si un trouble-fête doit venir s'immiscer parmi ces équipes anglophones, ce sera éventuellement la jeune écurie japonaise Honda. Elle ne dispute là que son cinquième grand prix de F1, mais Richie Ginther lui offre sa meilleure qualification jusqu'alors : une belle quatrième place, derrière Graham Hill (BRM), Jim Clark (Lotus) et Jackie Stewart (BRM).

Deux BRM de la Scuderia Centro Sud, peu performantes, sont engagées pour Lucien Bianchi et Willy Mairesse. Le premier doit se contenter du dix-septième chrono ; le second échoue à se qualifier et ne reviendra plus en F1.

Pour la première fois qu'il s'élance en première ligne à Spa, et malgré l'abondante pluie qui s'abat sur le circuit, Clark ne manque pas de boucler en tête le premier tour de course. Derrière, dans le nuage d'eau soulevé par les monoplaces, personne ne prend de risque.

La Lotus s'échappe en augmentant l'écart sur Stewart, deuxième, de près de trois secondes supplémentaires à chaque tour. Aujourd'hui, il semble imbattable.

Au 26ᵉ tour, on redoute le drame quand la Lotus privée de Richard Attwood quitte violemment la piste, heurte un poteau qui la coupe en deux et s'enflamme. Par bonheur, le pilote britannique n'est que légèrement blessé et brûlé.

Moins en verve qu'aux essais, Graham Hill rétrograde progressivement jusqu'à la cinquième place.

Devant, seule la mécanique peut mettre en péril la domination de Clark. Redoutant une défaillance de son embrayage, l'Écossais baisse son rythme et stabilise l'écart avec son compatriote Stewart. Ils sont les seuls à terminer dans le même tour, tous leurs adversaires ayant été dépassés au moins une fois par le leader. Ainsi, Lucien Bianchi, classé douzième, accuse trois tours de retard sur le vainqueur.

En s'imposant quatre fois consécutives dans le Grand Prix de Belgique, Jim Clark réalise un exploit que seul Ayrton Senna égalisera un quart de siècle plus tard.

Des neuf courses de championnat qu'il disputera en 1965, Clark remportera les six premières et s'assurera son second titre mondial.

1966 : Surtees gagne... et se fait licencier

12 juin 1966, circuit de Spa-Francorchamps (28 tours soit 395 km)
1. John Surtees (Ferrari) en 2 h 9 min 11,2 s
2. Jochen Rindt (Cooper-Maserati) à 42,1 s
3. Lorenzo Bandini (Ferrari) à 1 tour

Un aigle fond sur le paddock de la F1. Eagle, c'est le nom d'une nouvelle écurie montée par le pilote américain Dan Gurney. En réalité, la Mk 1 qu'il fait débuter à Spa et une Lotus 38 sensiblement modifiée, avant de concevoir ses propres châssis. En attendant le moteur Weslake, elle est équipée d'un Climax obsolète. N'en attendons pas de miracle cette année, elle se qualifie en fond de grille. L'aigle n'a pas encore déployé ses ailes.

L'autre attraction inédite, c'est la présence de caméras de cinéma. Pour son film « Grand Prix », John Frankenheimer expérimente les prises de vue embarquées. Le champion du monde 1961, Phil Hill, retiré de la compétition, conduit ainsi une McLaren porteuse de deux grosses caméras, l'une installée en porte-à-faux à l'avant, l'autre au-dessus du moteur. Plus lente que les concurrents, elle gêne les vrais pilotes qui obtiennent qu'elle n'entre en piste que brièvement, en fin de seconde séance d'essais.

Autre fait inédit, bien triste pour le public local : pour la première fois depuis la création du Championnat du monde, aucun pilote belge ne figure parmi les engagés à Spa.

Sous le soleil des qualifications, la Ferrari de John Surtees survole tous ses adversaires, devancés de plus de trois secondes. Rien ne semble pouvoir l'arrêter, sauf éventuellement la météo. Après de longues hésitations, le champion 1964 prend le départ — sur une piste sèche mais sous les nuages — avec des pneus Dunlop plus adaptés à la pluie que les Firestone utilisés aux essais. C'est le bon choix car, après seulement trois kilomètres de course, un déluge s'abat sur Malmedy. Surtees est le premier à se faire piéger ; il se met en travers mais reprend le contrôle de sa Ferrari et demeure en tête.

Derrière lui, c'est la panique dans le peloton. « Nous sommes entrés dans un mur d'eau comme il n'en existe que dans le sud de la Belgique », racontera plus tard Jackie Stewart. En perdition, le Suédois Jo Bonnier effectue un triple tête-à-queue, arrache une rangée de bottes de paille et s'arrête en équilibre instable, à cheval sur un muret. En voulant l'éviter, Mike Spence échoue dans la paille. La Brabham de Denny Hulme percute la Cooper de Jo Siffert ; les deux monoplaces endommagées devront stopper un peu plus loin.

Au septième kilomètre, dans les deux virages qui précèdent Masta, la BRM de Stewart dérape, heurte un petit pont et dévale une pente herbeuse. Son équipier Graham Hill part en tête-à-queue et termine dans les bottes de paille au même endroit. L'Anglais vole au secours de l'Écossais, blessé à l'épaule et coincé dans sa voiture. Une troisième BRM, celle de Bob Bondurant, sort également là.

Enfin, si Jim Clark ne boucle pas lui non plus le premier tour, c'est en raison de la casse de son moteur.

Bref, huit des quinze partants sont déjà hors course ! Des sept rescapés, seuls Jochen Rindt et John Surtees vont échanger leurs positions. L'Autrichien mène pour la première fois une épreuve de F1 tant que la pluie demeure intense. Lorsqu'elle s'amoindrit, vers le vingtième tour, le Britannique reprend l'avantage et s'impose.

Ce sera la dernière course de Surtees pour Ferrari. Quelques jours plus tard, une nouvelle dispute avec le directeur sportif Eugenio Dragoni — qui lui préfère l'Italien Bandini — se conclura par le limogeage du pilote britannique !

1967 : Dan Gurney et Eagle touchent le ciel

18 juin 1967, circuit de Spa-Francorchamps (28 tours soit 395 km)

1. Dan Gurney (Eagle-Weslake) en 1 h 40 min 49,4 s
2. Jackie Stewart (BRM) à 3 s
3. Chris Amon (Ferrari) à 1 min 40 s

Le nouvel épouvantail des circuits se nomme Lotus 49. Dès sa première apparition, lors du précédent grand prix, à Zandvoort, elle a permis à Jim Clark de s'installer rapidement en tête et de ne plus jamais être inquiété par ses poursuivants. On promet également un bel avenir au V8 Ford-Cosworth qui la propulse. La *pole position* de l'an passé est battue de près de dix secondes !

On ne s'étonne donc pas de trouver les Lotus de Clark et Hill aux avant-postes des qualifications. En revanche, c'est une surprise de voir, intercalée entre elles, l'Eagle de Dan Gurney, firme qui débuta en F1 il y a tout juste un an à Spa. La monoplace américaine a fait de beaux progrès et, surtout, elle dispose d'un moteur Weslake qui développe plus de 400 chevaux. Enfin, son pilote est au sommet de sa forme : le week-end précédent, il a gagné les 24 Heures du Mans.

Les plus proches adversaires de ce trio sont relégués à plus de six secondes. Et, comme l'année précédente, aucun Belge n'est engagé.

Graham Hill ne tire pas profit de sa performance des essais ; une batterie trop faible ne lui permet pas de démarrer son moteur sur la grille de départ. Il doit s'élancer des stands, après toute la meute. C'est peine perdue, son embrayage cédera au bout de trois tours.

Devant, Clark s'envole sans hésiter, au contraire de Gurney qui rate son départ, dépassé par Jackie Stewart (BRM), Chris Amon (Ferrari) et Jochen Rindt (Cooper).

Au cœur du peloton, ce premier tour est dramatique. La Ferrari de Mike Parkes dérape sur une traînée d'huile et sort de la piste à Blanchimont. Grièvement blessé aux jambes, le Britannique ne pilotera plus jamais en F1.

Au douzième tour, Clark et Gurney passent rapidement par les stands. La Lotus de l'Écossais perd sept places pour un changement de bougies. Quant à l'Américain, il informe juste son équipe d'un souci mécanique sur son Eagle et reprend instantanément la piste en deuxième position.

Stewart, qui paraît solidement installé au commandement, connaît des difficultés aux deux tiers de la course : il ne peut plus manœuvrer son volant que d'une seule main, l'autre étant occupée à maintenir en place un levier de vitesses baladeur. Son rythme baisse et il ne peut résister au retour de Gurney, dont la mécanique tient le coup.

Avec plus d'une minute d'avance sur la BRM, l'Eagle s'impose en F1 pour la première... et dernière fois.

1968 : Une première pour McLaren

9 juin 1968, circuit de Spa-Francorchamps (28 tours soit 395 km)
1. Bruce McLaren (McLaren-Ford) en 1 h 40 min 2,1 s
2. Pedro Rodriguez (BRM) à 12,1 s
3. Jacky Ickx (Ferrari) à 39,6 s

Après deux années de vaches maigres, Spa retrouve des pilotes belges en F1 ! Si Lucien Bianchi, recruté chez Cooper, n'est pas un inconnu, le jeune Jacky Ickx est entré dans la catégorie reine depuis moins d'un an et il pilote déjà pour l'une des plus prestigieuses écuries, Ferrari.

Les spectateurs voient aussi entrer en piste certaines monoplaces surmontées d'ailes inversées. Ces premiers ailerons, apparus à Monaco, ne font pas encore l'unanimité. Ainsi, Ickx en utilise un durant les essais, mais il le fait démonter pour la course.

Le public découvre également une nouvelle équipe française, Matra, dont la MS10 à moteur Ford a occupé temporairement la tête des deux grands prix auxquels elle vient de participer. Ici, elle est aux mains de Jackie Stewart qui signe le deuxième chrono des essais.

Sur la grille de départ, l'Écossais est pris en sandwich entre les Ferrari de Chris Amon, auteur de la *pole*, et de Jacky Ickx. La Matra prend un départ mitigé, ne pointant que cinquième au premier tour. C'est pire pour Bruce McLaren, au volant d'une monoplace portant son nom, qui avait signé le sixième temps mais a rétrogradé à la onzième place.

Au contraire, John Surtees a fait bondir sa Honda et pris le meilleur sur Amon dès le deuxième tour. Des problèmes techniques éliminent rapidement plusieurs concurrents au cœur du peloton puis, au tiers de l'épreuve, cette contagion gagne les hommes de tête.

Amon est lâché par son radiateur et Surtees par sa suspension. Plus loin, on déplore l'accident de Brian Redman qui s'y casse un bras.

A partir de là, Stewart pointe sa Matra en tête, constamment harcelé par la McLaren de Denny Hulme qui, par deux fois, parvient brièvement à passer devant. La bataille est intense mais, à dix tours du but, la transmission cède sur la voiture du Néo-Zélandais.

La deuxième place qu'il lâche ainsi est récupérée par son chef de file, Bruce McLaren, revenu des profondeurs du classement avec une belle régularité, en lutte avec Pedro Rodriguez.

Ces deux hommes sont toutefois trop loin — une trentaine de secondes — pour empêcher Stewart d'offrir à Matra son premier succès en F1. Mais non ! Le clan français devra patienter encore car, à court d'essence, la monoplace bleue s'immobilise dans le dernier tour.

C'est donc une autre première victoire qu'on célèbre à Spa-Francorchamps, celle d'une monoplace McLaren, qui plus est pilotée par son concepteur. L'écurie en glanera tant d'autres dans les décennies à venir, mais pas son patron.

Le public belge fête aussi le premier podium de Jacky Ickx, qui récolte avec sa troisième place le fruit d'une course patiente et sage.

1970 : La fin du tracé historique

7 juin 1970, circuit de Spa-Francorchamps (28 tours soit 395 km)
1. Pedro Rodriguez (BRM) en 1 h 38 min 9,9 s
2. Chris Amon (March-Ford) à 1,1 s
3. Jean-Pierre Beltoise (Matra) à 1 min 43,7 s

La caravane de la F1 a fait l'impasse sur Spa-Francorchamps en 1969 ; les pilotes refusaient de courir sur un circuit qu'ils jugeaient trop rapide et peu sûr. Des glissières de sécurité sont donc installées sur les portions les plus dangereuses et une chicane vient casser la vitesse dans le virage de Malmedy. Le Grand Prix de Belgique 1970 peut donc avoir lieu, mais ce sera le dernier sur le tracé historique qui ne peut pas s'adapter davantage aux performances croissantes des bolides.

Signe d'un besoin d'améliorer la sécurité des pilotes, Jochen Rindt et Jack Brabham portent pour la première fois un casque intégral, modèle qui équipera la majorité du peloton en fin de saison.

En outre, l'ambiance est sinistre dans le paddock. Quelques jours plus tôt, Bruce McLaren a trouvé la mort en essayant une voiture de CanAm à Goodwood. Toute son écurie déclare forfait à Spa.

Le doute ronge également un pilote, le Français Johnny Servoz-Gavin qui ne trouve plus aucun sens à ce sport. Du jour au lendemain, il abandonne la compétition après Monaco. Ken Tyrrell ne lui trouvera un remplaçant que pour les Pays-Bas ; ce sera François Cevert.

Provisoirement sans équipier, Jackie Stewart n'en signe pas moins une troisième *pole position* en quatre courses. Sur la première ligne, il côtoie la Lotus de Jochen Rindt et la March officielle de Chris Amon. Jacky Ickx s'offre le quatrième temps.

Rindt prend le meilleur envol, mais les deux March le dépassent avant la fin du premier tour. Après quelques passes d'armes, Amon prend l'avantage sur Stewart.

Pourtant, dès le cinquième passage, c'est l'inattendu Mexicain Pedro Rodriguez qui s'installe en tête. Sa BRM tourne comme une horloge et lui permet de conserver l'avantage jusqu'au bout sur un Chris Amon qui ne le perd jamais de vue mais ne parvient pas à le menacer. A peine plus d'une seconde sépare les deux monoplaces sur la ligne d'arrivée.

La Ferrari de Ickx navigue longtemps entre la troisième et la cinquième place mais, dans les derniers tours, des ennuis mécaniques la font plonger en fin de classement.

Ce second succès de Pedro Rodriguez est aussi le dernier des pneus Dunlop en F1.

1972 : Un circuit moderne mais impopulaire

4 juin 1972, circuit de Nivelles (85 tours soit 316 km)
1. Emerson Fittipaldi (Lotus-Ford) en 1 h 44 min 6,7 s
2. François Cevert (Tyrrell-Ford) à 26,6 s
3. Denny Hulme (McLaren-Ford) à 58,1 s

Spa-Francorchamps étant désavoué par les pilotes, il faut trouver où organiser le Grand Prix de Belgique. Politiciens wallons et flamands veulent chacun leur part du gâteau ; ils décident de le couper en deux en faisant alterner l'organisation entre le tracé existant de Zolder et un nouveau à construire au sud de Bruxelles. C'est à Nivelles, dans le quartier de Baulers, que naît ce circuit décrit comme un modèle de modernité. Question sécurité, il est irréprochable, avec de très larges zones de dégagement en cas de sortie de piste. Revers de la médaille, le public est confiné très loin d'une piste sans charme ni relief qui n'enthousiasme pas non plus les pilotes.

En outre, les spectateurs sont privés du champion du monde en titre ; Jackie Stewart est forfait pour soigner un ulcère à l'estomac.

En revanche, ils sont les premiers à découvrir une nouvelle monoplace, la Tecno à moteur V12 entièrement conçue chez ce spécialiste italien du karting. Deux voitures figurent sur la liste des engagés, pour Derek Bell et Nanni Galli, mais en réalité une seule monoplace est prête pour Nivelles ; elle est confiée au pilote italien.

L'épreuve s'annonce ouverte, les quatre premiers grands prix de la saison ayant couronné quatre pilotes différents.

Emerson Fittipaldi (Lotus) s'assure la *pole position* pour la deuxième fois consécutive et partage la première ligne de départ avec Clay Regazzoni (Ferrari) et Denny Hulme (McLaren). Derrière eux, Jacky

Ickx (Ferrari) et François Cevert (Tyrrell) occupent la deuxième ligne.

Regazzoni prend le meilleur départ, suivi par Fittipaldi, Ickx, Hulme, Cevert, Hailwood et Beltoise. Derrière, c'est la pagaille à cause de l'accrochage entre Andrea de Adamich (Surtees) et Peter Revson (McLaren) ; les deux protagonistes peuvent repartir après avoir un peu retardé le peloton.

Au neuvième tour, Fittipaldi dépasse le Suisse et s'envole irrésistiblement. Les deux Ferrari mènent la chasse jusqu'à ce qu'elles doivent renoncer, celle de Jacky Ickx à cause d'une panne d'alimentation, celle de Regazzoni en s'accrochant avec la Tecno de Galli.

Parfaitement régulier au volant de l'unique Tyrrell, Cevert hérite de la deuxième place. La troisième place échappe à Chris Amon lorsqu'il doit ravitailler sa Matra en carburant en vue de l'arrivée ; Hulme en tire profit.

1973 : Un doublé Tyrrell salue Zolder

20 mai 1973, circuit de Zolder (70 tours soit 295 km)
1. Jackie Stewart (Tyrrell-Ford) en 1 h 42 min 13,43 s
2. François Cevert (Tyrrell-Ford) à 31,84 s
3. Emerson Fittipaldi (Lotus-Ford) à 2 min 2,79 s

Pour son dixième anniversaire, le circuit de Zolder accueille pour la première fois le Championnat du monde. Désormais, les pilotes visitent les installations sportives quelque temps avant la course et le revêtement flamand leur paraît fort critiquable. Les organisateurs refont l'asphalte en urgence.

Hélas, dès les essais du vendredi, la puissance des F1 commence à arracher dans les virages des plaques d'un goudron insuffisamment durci. Des réparations sont effectuées au cours de la nuit suivante, car les pilotes menacent de boycotter l'épreuve si le problème n'est pas résolu.

Samedi, les qualifications se déroulent enfin sans souci. Pour la troisième fois de la saison, Ronnie Peterson (Lotus) s'octroie la *pole position*. Il partage la première ligne — qui n'est désormais composée que de deux voitures — avec Denny Hulme (McLaren). Derrière, le seul pilote Ferrari, Jacky Ickx, se place devant François Cevert (Tyrrell). Suivent Jean-Pierre Beltoise (BRM) et Jackie Stewart (Tyrrell).

Le Suédois prend le meilleur départ mais, dès le deuxième tour, Cevert s'empare fermement des commandes de la course. Ickx est bien installé au troisième rang ; hélas, dès le sixième passage, sa Ferrari lâche de l'huile — sur laquelle Hulme effectue un tête-à-queue qui l'expédie dans les profondeurs du classement — et contraint le Belge à l'abandon.

Dans le vingtième tour, c'est le leader, Cevert, qui part en toupie et plonge en huitième position. Fittipaldi passe en tête pour peu de temps car, cinq tours plus tard, c'est l'autre Tyrrell, celle de Stewart, qui prend la tête.

Peterson perd lentement des places, aux prises avec des problèmes de freins, jusqu'à abandonner. Dans le même temps, Cevert effectue le chemin inverse, cravachant pour remonter jusqu'en deuxième position. Il ne rejoint cependant pas son équipier qui gagne sans pression.

Un tour derrière le leader, une bagarre acharnée pour la quatrième place oppose jusque sur la ligne d'arrivée la Brabham d'Andrea de Adamich et la BRM de Niki Lauda, qui terminent dans cet ordre ; l'Autrichien marque là ses tout premiers points en championnat du monde.

Sixième, Chris Amon marque l'unique point jamais inscrit par Tecno en F1. L'écurie italienne jettera l'éponge en fin de saison.

1974 : Emerson Fittipaldi monopolise Nivelles

12 mai 1974, circuit de Nivelles (85 tours soit 316 km)
1. Emerson Fittipaldi (McLaren-Ford) en 1 h 44 min 20,57 s
2. Niki Lauda (Ferrari) à 0,35 s
3. Jody Scheckter (Tyrrell-Ford) à 45,61 s

Le jeune circuit de Nivelles va mal. Son gestionnaire est en faillite. Bernie Eccelstone, patron de l'écurie Brabham, se fait leader des concurrents et organise lui-même le grand prix — il y prendra goût jusqu'à devenir le *big boss* de la F1 durant plusieurs décennies.

Le paddock a bien changé d'allure en un an, car l'intersaison a été riche en transferts de nombreux pilotes vers de nouvelles équipes, outre la retraite de Jackie Stewart et les accidents mortels de Roger Williamson, François Cevert et Peter Revson.

De nouvelles écuries, souvent éphémères, se multiplient comme des petits pains. Chris Amon a présenté sa propre monoplace à Barcelone mais elle est déjà absente à Nivelles. La Trojan de Tim Schenken effectue sa deuxième sortie mais elle ne finira pas la saison. L'écurie Token débute en Belgique, tout comme son pilote Tom Pryce ; la voiture n'effectuera que trois courses et le Gallois sera vite recruté chez Shadow.

D'autres concurrents découvrent ici la F1 : le Belge Teddy Pilette au volant d'une Brabham de location, le Français Gérard Larrousse — déjà abondamment couronné en rallye et en endurance — qui loue sans lendemain une Brabham vieillissante et le Finlandais Leo Kinnunen qui ne parvient pas à qualifier une Surtees privée. Il est le seul recalé des 32 engagés pour une course limitée à 31 partants.

Tyrrell fait débuter un nouveau modèle, la 007, qui semble bien née puisque Jody Scheckter la propulse au deuxième rang des qualifications, pris en sandwich entre les Ferrari de Clay Regazzoni et de Niki Lauda. En revanche, les déceptions proviennent des maigres performances de la Lotus de Jacky Ickx, seizième, et de la Brabham de Carlos Reutemann, vingt-quatrième.

Sous le soleil, la course est splendide. Durant près de quarante tours, un groupe de six furieux mène un train d'enfer ; il se compose de Regazzoni (Ferrari), Fittipaldi (McLaren), Lauda (Ferrari), Scheckter (Tyrrell), Peterson (Lotus) et Hunt (Hesketh). Ils échangent rarement leurs positions, car tous tirent le maximum de leurs voitures.

Le premier à rendre les armes est Peterson, victime d'une fuite d'essence. Peu après, gêné par Larrousse à qui il prenait un tour, Regazzoni effectue une courte incursion dans l'herbe qui profite à Fittipaldi et Lauda, désormais devant. C'est également dans l'herbe que s'achève la course de James Hunt, sorti à cause d'une rupture de suspension. Un moteur qui surchauffe cause l'abandon de Jacky Ickx.

Sans se lâcher d'une semelle, Fittipaldi et Lauda se battent en tête jusqu'à l'arrivée qu'ils franchissent roue dans roue. Décrochés, Regazzoni et Scheckter se livrent à un autre duel ; seul un moteur qui « ratatouille » par manque d'essence relègue in extremis la Ferrari au quatrième rang, derrière la Tyrrell. Teddy Pilette voit l'arrivée, mais à quatre tours du vainqueur.

La F1 quitte Nivelles en lui donnant rendez-vous en 1976 mais, deux ans plus tard, l'état de la piste se sera beaucoup trop dégradé pour accueillir un grand prix. Le circuit qu'on disait modèle n'aura accueilli que deux épreuves de Championnat du monde, toutes deux remportées par le Brésilien Emerson Fittipaldi.

1975 : La régularité de Niki Lauda

25 mai 1975, circuit de Zolder (70 tours soit 298 km)
1. Niki Lauda (Ferrari) en 1 h 43 min 59,98 s
2. Jody Scheckter (Tyrrell-Ford) à 19,22 s
3. Carlos Reutemann (Brabham-Ford) à 41,82 s

La F1 retrouve Zolder et la bataille des qualifications y est intense. Les dix meilleurs pilotes sont groupés en moins d'une seconde. Niki Lauda (Ferrari), auteur de la *pole position*, ne devance son dauphin, Carlos Pace (Brabham), que de quatre centièmes de seconde !

Troisième temps, Vittorio Brambilla n'a jamais aussi bien qualifié son emblématique March orange. Nouveau venu dans l'équipe Hill, le jeune Tony Brise signe un remarquable septième chrono dès sa deuxième apparition en F1. L'enfant du pays, Jacky Ickx, est aux prises durant toute la saison avec une Lotus peu performante ; il s'élancera en seizième position.

Au premier freinage, Lauda joue la sécurité en laissant passer Pace, pourtant placé à l'extérieur. Suit Regazzoni, qui a pris en bel envol mais dont la Ferrari ne suit pas le rythme.

Le Suisse est vite dépassé par un Brambilla survolté qui part à l'assaut des leaders. Pour dépasser Lauda, le bouillant Italien met deux roues dans l'herbe ; la March zigzague mais poursuit sa manœuvre et s'impose. Pace est avalé dans le quatrième tour et, pour la première fois de sa carrière, le *Gorille de Monza* mène un grand prix. Jody Scheckter (Tyrrell) observe ce trio de près. Plus loin, Regazzoni bouchonne.

Deux tours plus tard, quand Lauda a patiemment chauffé ses pneus, observé ses adversaires et décidé qu'il était temps de prendre les choses en main, la Ferrari dépasse irrésistiblement Pace puis

Brambilla. La Brabham est déjà ralentie par des problèmes de freins et commence à plonger au classement. La March souffre du même mal, mais elle parvient à se maintenir troisième, après avoir cédé sous la pression de Scheckter. Regazzoni perd un temps précieux en changeant ses pneus, à la suite d'un choc contre un trottoir.

Devant, c'est un cavalier seul de Niki Lauda, qui tourne dans des temps que ses rivaux ne peuvent pas suivre. La course est émaillée de quelques abandons ; aux trois quarts de la distance, Ickx puis Brambilla renoncent, lâchés par leurs freins. Régulier, Carlos Reutemann (Brabham) hérite de la troisième place.

Seul un échappement cassé inquiétera un peu Lauda en fin de course, mais sans remettre en cause sa domination. Sa victoire et la modeste septième place d'Emerson Fittipaldi permettent à l'Autrichien de prendre la tête du Championnat du monde. Il ne la quittera plus et décrochera son premier titre en fin de saison.

1976 : Symphonie pour moteurs V12

16 mai 1976, circuit de Zolder (70 tours soit 298 km)
1. Niki Lauda (Ferrari) en 1 h 42 min 53,23 s
2. Clay Regazzoni (Ferrari) à 3,46 s
3. Jacques Laffite (Ligier-Matra) à 35,38 s

Le Grand Prix de Belgique 1976 aurait dû se courir à Nivelles, en vertu de l'alternance prévue avec Zolder. Hélas, malgré la reprise du circuit par un curateur, la santé financière de la piste wallonne est toujours fragile ; il n'est pas possible de refaire le revêtement de la chaussée, qui s'est détérioré au fil des ans et n'est plus considéré comme suffisamment sûr pour le Championnat du monde. C'en est fini du mirage d'un circuit modèle. La F1 s'installe pour plusieurs années en terre flamande.

Première découverte pour le public belge : Jody Scheckter pilote pour la première fois l'étonnante Tyrrell P34 à six roues ! Seul Patrick Depailler avait fait débuter la monoplace révolutionnaire à Jarama.

Parmi les engagés figure un nouveau pilote belge en F1 : Patrick Nève tente sa chance au volant d'une Brabham privée du RAM Racing et, compte tenu de cette modeste monture, signe un honnête dix-neuvième chrono aux essais. En revanche, la désillusion est cruelle pour Jacky Ickx qui ne parvient pas à qualifier la poussive Williams engagée par le Walter Wolf Racing ; le divorce entre le pilote et l'écurie sera consommé en milieu de saison. Un autre champion connaît les affres de la non-qualification, Emerson Fittipaldi sur sa jeune Copersucar.

Les Ferrari de Niki Lauda et Clay Regazzoni ont dominé les essais et occupent donc la première ligne. La McLaren de James Hunt fait illusion en parvenant à s'intercaler entre elles durant les six premiers tours, mais les voitures de la *Scuderia* remettent rapidement les pendules à l'heure pour ne plus jamais être inquiétées.

Déjà dépassé par Regazzoni, Hunt résiste un peu trop aux assauts de Jacques Laffite (Ligier). Les deux voitures se touchent mais peuvent poursuivre la course. Un peu plus tard, c'est Scheckter qui, en bataillant avec Hunt pour la cinquième place, rend au Britannique coup pour coup, dans un duel à la limite de la sportivité.

La boîte de vitesses de la McLaren finira par rendre l'âme et Hunt rejoindra, sur la liste des abandons, Brambilla, Depailler ou encore Nève, tous victimes de pannes mécaniques. Pour Chris Amon, qui occupe une belle cinquième place avec son Ensign, l'affaire est plus effrayante : une roue se détache, la voiture part en tonneaux mais, par bonheur, le pilote néo-zélandais en sort indemne.

Devant, du dix-septième tour jusqu'à la fin, le trio de tête ne varie pas d'un iota : les Ferrari de Lauda et Regazzoni devancent la Ligier de Laffite. Ce dernier ne force plus le rythme après un tête-à-queue sans conséquences et assure le premier podium de la jeune équipe française. Les trois concurrents équipés de moteurs V12 monopolisent ainsi les trois premières places à l'arrivée.

1977 : L'unique victoire de Gunnar Nilsson

5 juin 1977, circuit de Zolder (70 tours soit 298 km)
1. Gunnar Nilsson (Lotus-Ford) en 1 h 55 min 05,71 s
2. Niki Lauda (Ferrari) à 14,19 s
3. Ronnie Peterson (Tyrrell-Ford) à 19,95 s

Lors des douze mois écoulés depuis sa dernière venue à Zolder, la F1 a vécu quelques bouleversements. Il y a eu, bien sûr, le terrifiant accident de Niki Lauda en 1976 au Nürburgring et son retour victorieux en compétition alors qu'on le croyait perdu, puis la mort de Tom Pryce à Kyalami. En Argentine, la saison 1977 a débuté par l'étonnant succès de la Wolf de Jody Scheckter dès la première course de l'écurie canadienne ; une autre victoire à Monaco et plusieurs podiums valent au Sud-Africain d'occuper la tête du Championnat du monde.

En outre, l'ingénieux Colin Chapman a sorti une nouvelle Lotus révolutionnaire, surnommée *wing-car* ; Mario Andretti l'a déjà fait triompher deux fois. « Si Mario a des ennuis, il faut absolument que tu sois le vainqueur de la course », dit Chapman à son second pilote, le Suédois Gunnar Nilsson, avant le Grand Prix de Belgique.

Remarquons enfin les débuts en course d'une monoplace anglaise, la LEC. David Purley, fils du fondateur, pilote la monoplace. Non qualifié en Espagne, il signe à Zolder le vingtième temps.

Côté concurrents, un nouveau pilote belge, Bernard de Dryver, très expérimenté en F2, tente sa chance en F1 avec une March privée ; d'incessants soucis mécaniques l'empêchent de se qualifier et l'on ne le reverra jamais en grand prix. Patrick Nève, lui, dispute une grande partie de la saison dans une March de l'année précédente engagée par Frank Williams, avec le soutien de la brasserie Belle-Vue, mais il doit se contenter du vingt-quatrième chrono. C'est toujours mieux que le débutant du week-end, le riche Mexicain Hector Rebaque, non qualifié, au volant d'une Hesketh.

Aux essais, la puissante Brabham-Alfa Romeo de John Watson est parvenue à s'intercaler entre les intraitables Lotus d'Andretti et Nilsson. La déception vient des Ferrari de Carlos Reutemann et de Niki Lauda dont les pneus ne montent pas assez en température.

Sous la pluie, Watson prend le meilleur départ mais, dès la première chicane, Andretti le percute ; les deux pilotes abandonnent déjà. Leader, Scheckter mène un train d'enfer. Derrière lui, Nilsson contient les attaques de Jochen Mass (McLaren) et de Reutemann.

Entre le quinzième et le vingtième tour, la piste s'assèche et, au gré des changements de pneus, Mass et Vittorio Brambilla (Surtees) dirigent brièvement la course. On voit même la LEC de Purley pointer en troisième position avant de passer par les stands, éphémère moment de gloire pour une équipe qui ne disputera que trois grands prix avant de se retirer de la F1.

Une fois que tout le monde a monté les bons pneus, c'est Niki Lauda qui est au commandement. Reutemann puis Mass sont sortis. Scheckter a des soucis de pompe à huile qui finiront par l'éliminer.

Mais, sur un circuit désormais parfaitement sec, les réglages de la Ferrari sont désormais moins bien adaptés que ceux de la Lotus. Remonté de la douzième place, Nilsson est désormais dans les rétroviseurs de Lauda. Le Suédois prend quatre tours pour observer tranquillement sa proie avant de passer imparablement devant. Son compatriote Ronnie Peterson (Tyrrell) complète le podium.

Ce sera hélas l'unique succès de Nilsson. Atteint d'un cancer, il ne disputera pas la saison suivante et décédera à l'automne 1978, à l'âge de 29 ans.

1978 : Lotus révolutionne encore la F1

21 mai 1978, circuit de Zolder (70 tours soit 298 km)
1. Mario Andretti (Lotus-Ford) en 1 h 39 min 52,02 s
2. Ronnie Peterson (Lotus-Ford) à 9,90 s
3. Carlos Reutemann (Ferrari) à 24,34 s

Ça carbure fort sous la célèbre casquette de Colin Chapman, celle qu'il jette en l'air lors de chaque succès de son écurie. Le fondateur de Lotus a déjà apporté à la F1 nombre de révolutions, dont le châssis monocoque en 1962, l'introduction du V8 Ford-Cosworth en 1967, l'utilisation de ce même moteur comme prolongement arrière de la coque, la peinture des monoplaces aux couleurs d'un *sponsor* en 1968, l'apparition des ailerons la même année, les radiateurs latéraux en 1970 ou encore la première *wing-car* en 1977.

Au Grand Prix de Belgique 1978, Chapman fait débuter une nouvelle monoplace qui pousse encore plus loin le concept du carénage inférieur et des pontons en ailes inversés. Pour ne rien gâcher, la ligne épurée de la Lotus 79, dans sa livrée noire à filets or, en fait peut-être la plus belle F1 jamais vue. Sa conduite enchante Mario Andretti. « En comparaison, piloter la précédente Lotus, c'était comme être au volant d'un bus anglais », plaisante l'Italo-Américain.

Un seul châssis est prêt pour Zolder. À son volant, Andretti survole les qualifications, laissant ses plus proches rivaux — Carlos Reutemann (Ferrari), Niki Lauda (Brabham) et Gilles Villeneuve (Ferrari) — à huit dixièmes de seconde. Tous les autres prennent une seconde dans la vue, voire beaucoup plus. L'ancienne Lotus, aux mains de Ronnie Peterson, tourne 1,7 seconde moins vite que la nouvelle. Un gouffre !

Wolf aligne également une nouvelle monoplace pour Jody Scheckter, exploitant aussi l'effet de sol ; mais, à l'inverse de la Lotus, son radiateur situé à l'avant du cockpit lui confère une exceptionnelle laideur ! Autre nouveauté, la Martini et son pilote, René Arnoux, se qualifient pour la première fois. La voiture ne prendra part qu'à trois autres courses cette saison et le constructeur français jettera définitivement l'éponge.

De retour en F1 pour quelques épreuves à bord d'une vieillissante Ensign, Jacky Ickx est relégué à l'avant-dernière ligne de la grille de départ, à près de quatre secondes du *poleman*.

Le départ de la course est très mouvementé. Reutemann rate complètement son envol en n'enclenchant pas la bonne vitesse et provoque une véritable panique derrière lui. En voulant éviter l'obstacle, huit voitures se touchent plus ou moins durement. Trois champions du monde restent sur le carreau : Niki Lauda (Brabham), James Hunt (McLaren) et Emerson Fittipaldi (Copersucar) !

Andretti prend le large devant Villeneuve, Scheckter et Peterson. La Wolf doit cependant effectuer un arrêt pour réparer les dégâts du départ. Plus rien ne change en tête jusqu'au 40e tour, lorsque Villeneuve doit passer par les stands en raison d'une crevaison.

Lorsque Peterson doit à son tour changer de pneus au 56e tour, Reutemann et Laffite prennent les deuxième et troisième places. Au cours des dix tours suivants, Peterson réussit à repasser ces deux adversaires pour réaliser un impeccable doublé Lotus.

Dans leur duel pour la troisième place, Reutemann et Laffite entrent en collision, ce qui entraîne l'élimination du Français. Didier Pironi (Tyrrell), qui ne participe qu'à son sixième Grand Prix, se classe sixième et marque des points pour la quatrième fois. Ickx termine douzième, sans jamais avoir quitté les tréfonds du classement.

1979 : Jody Scheckter reprend la main

13 mai 1979, circuit de Zolder (70 tours soit 298 km)

1. Jody Scheckter (Ferrari) en 1 h 39 min 59,53 s
2. Jacques Laffite (Ligier-Ford) à 15,36 s
3. Didier Pironi (Tyrrell-Ford) à 35,17 s

On n'avait pas vu ça depuis 1967 : aucun pilote belge n'est présent sur son grand prix national. On croit Jacky Ickx rangé des monoplaces — mais pas des bolides d'endurance. Erreur ! Après Monaco, Patrick Depailler se brisera les deux jambes dans un accident de deltaplane et, pour le remplacer jusqu'à la fin de saison, Guy Ligier fera appel à Ickx. Mais n'anticipons pas davantage.

Les Ligier de 1979, parlons-en. Laffite et Depailler ont démarré la saison en trombe en remportant trois des cinq premières courses. Seule la Ferrari de Gilles Villeneuve a pu les battre à deux reprises. Un duel franco-italien est annoncé pour Zolder.

Au sein de cette bataille, il en est une autre, interne à la *Scuderia*. La nouvelle recrue, Jody Scheckter, a collectionné les points des places d'honneur, si bien qu'il ne compte guère de retard au championnat sur son équipier. Le Sud-Africain ne dédaigne pas jouer l'économe dans l'optique d'un titre mondial. Le Canadien, au contraire, ne vise pas le long terme mais la première place dans chaque course.

L'attention de la presse italienne est cependant accaparée par une autre info : Zolder marque le retour d'Alfa Romeo en F1, après vingt-sept ans d'absence ! Bruno Giacomelli est au volant.

La première ligne de la grille de départ est toute bleue, avec les Ligier de Laffite et Depailler. Mais cinq autres concurrents se qualifient à moins d'une seconde de la *pole* : Nelson Piquet (Brabham), Alan

Jones (Williams), Mario Andretti (Lotus), Gilles Villeneuve et Jody Scheckter. Seul un centième de seconde départage les deux Ferrari.

Laffite rate son départ et boucle le premier tour en quatrième position, derrière Depailler, Jones et Piquet. Au deuxième passage du peloton, une bousculade implique les deux Ferrari et la Williams de Clay Regazzoni. Le Suisse reste au tapis. Villeneuve doit remplacer son aileron et se relance bon dernier. Scheckter semble ne pas avoir souffert de l'accident.

Remonté jusqu'à la première place, Laffite est à son tour délogé par Jones. C'est la première fois qu'une Williams mène un grand prix mais, peu après la mi-course, une panne électrique l'immobilise.

Depailler reprend le commandement, avec l'autre Ligier dans ses rétroviseurs. Six tours plus tard, sans raison apparente, le leader manque un virage et finit sa course dans les grillages.

Revoilà donc Laffite en tête, mais ses pneus sont passablement usés, contrairement à ceux de Scheckter, bien conservés. La Ferrari regagne rapidement du terrain sur la Ligier et prend l'avantage à dix-sept tours de la fin.

On s'attend à voir Villeneuve, revenu comme un forcené des tréfonds du classement, prendre la troisième place. Malchanceux jusqu'au bout, le Québécois tombe en panne d'essence dans les derniers mètres, offrant au jeune Français Didier Pironi (Tyrrell) son premier podium.

Ce premier succès de la saison permet à Jody Scheckter de s'installer en tête du Championnat du monde, position qu'il ne quittera plus jusqu'à l'obtention du titre.

1980 : La première victoire de Didier Pironi

4 mai 1980, circuit de Zolder (72 tours soit 307 km)
1. Didier Pironi (Ligier-Ford) en 1 h 38 min 46,51 s
2. Alan Jones (Williams-Ford) à 47,37 s
3. Carlos Reutemann (Williams-Ford) à 1 min 24,12 s

Un pilote qui anima longtemps les pelotons de F1 est absent à Zolder. Clay Regazzoni a subi un terrible accident lors du précédent grand prix, à Long Beach ; il en restera paralysé et ne conduira plus jamais de monoplace. Ensign le remplace par un débutant, Tiff Needell. Chez McLaren, Alain Prost, blessé à Kyalami, est de retour.

L'ambiance est plombée par la guerre qui oppose ouvertement la Fédération Internationale de Sport Automobile, présidée par l'autoritaire Jean-Marie Balestre, et la plupart des constructeurs, rangés derrière l'omnipotent Bernie Eccelstone. Le conflit a entraîné l'annulation du Grand Prix d'Espagne.

Notons que le règlement évolue en limitant à deux trains de pneus les gommes disponibles en qualifications, ainsi que l'obligation de prendre le départ avec les enveloppes ayant servi lors du meilleur chrono du pilote.

Enfin, l'écurie Shadow vient d'être rachetée par le milliardaire hongkongais Teddy Yip, fondateur du Theodore Racing.

Aux essais, les Ligier de Didier Pironi et de Jacques Laffite, deuxième et troisième, s'intercalent entre les Williams d'Alan Jones, en *pole*, et de Carlos Reutemann, quatrième. La troisième ligne est toute jaune des Renault de Jean-Pierre Jabouille et de René Arnoux.

Pironi prend le meilleur départ et, pour la première fois de sa carrière, mène un grand prix de F1. Non loin derrière, Jones subit la pression de Laffite. Jabouille, trahi par son embrayage, boucle un tour en dernière position puis abandonne, alors que Jochen Mass a déjà planté son Arrows dans les grillages.

Durant le premier quart de la course, les neuf premières positions sont strictement figées. Elles ne se débloquent que lorsqu'Arnoux rate sa tentative de dépassement sur Reutemann ; la Renault y perd cinq places. Il se joint alors à la bataille que se livrent Gilles Villeneuve (Ferrari) et Elio de Angelis (Lotus).

À la mi-course survient l'unique évolution de toute la course dans le trio de tête : Laffite suspecte un problème de freins et passe par les stands, cédant la troisième position à Reutemann. Puis, devant, plus rien ne bougera.

Avec l'assurance d'un vieux briscard, Pironi contrôle la course de bout en bout. Il échappe à l'accrochage en prenant un tour d'avance à Keke Rosberg (Fittipaldi) et Derek Daly (Tyrrell), plus préoccupés par leur duel que par le leader qui les rattrape. Quand il franchit la ligne d'arrivée pour la première fois en vainqueur, il est sur le point de prendre un tour à Reutemann, classé troisième. Quatrième, Arnoux sauve très provisoirement sa position de leader du championnat.

1981 : Le lourd tribut des mécaniciens

17 mai 1981, circuit de Zolder (54 tours soit 230 km)
1. Carlos Reutemann (Williams-Ford) en 1 h 16 min 31,61 s
2. Jacques Laffite (Ligier-Matra) à 36,06 s
3. Nigel Mansell (Lotus-Ford) à 43,69 s

L'ambiance n'est pas à la fête à Zolder. Certes, Lotus est de retour après un grand prix d'absence ; l'interdiction de sa monoplace à double coque et la scabreuse faillite de son *sponsor* ont fait craindre pour la survie de l'écurie historique. Mais les bisbilles se poursuivent au sein du paddock, où certains voudraient voir écartée l'équipe Theodore.

Sur la piste, c'est bien plus dramatique encore. Durant la séance d'essais du vendredi, Giovanni Amadeo, un mécanicien d'Osella, trébuche dans les stands au moment où surgit la Williams de Carlos Reutemann qui le percute violemment ; le garçon succombera à ses blessures trois jours plus tard. Le pilote argentin signe néanmoins la *pole position*.

Pour protester contre des conditions de sécurité qui ne semblent guère préoccuper les instances sportives, les mécaniciens rejoints par une majorité de pilotes manifestent sur la grille, devant les caméras de télévision. La procédure de départ est confuse.

Sur la deuxième ligne, Riccardo Patrese (Arrows), dont le moteur a calé, agite frénétiquement les bras. Un de ses mécaniciens se précipite derrière la monoplace pour tenter de la relancer. Malgré tout, le feu passe au vert ! Tous les pilotes parviennent à éviter la voiture de Patrese... sauf l'autre Arrows, conduite par Siegfried Stohr. Persuadé d'avoir tué le mécanicien dans l'accident — ce ne sera heureusement pas le cas —, il fond en larmes.

Alors que la piste est encombrée d'un blessé, de secouristes, d'une ambulance et de deux voitures accidentées, seuls des drapeaux jaunes sont agités lorsque la meute boucle son premier tour. C'est à l'initiative de plusieurs pilotes qui comprennent la gravité de la situation que le peloton ralentit et force l'interruption de la course.

Lorsque le second départ est donné, l'avantage revient à Didier Pironi, qui avait signé son premier succès ici même un an plus tôt et qui conduit désormais pour Ferrari. Dès le premier tour, Alain Prost (Renault) rentre au stand et abandonne sur panne d'embrayage.

Pressé par un trio composé de Reutemann, Nelson Piquet (Brabham) et Alan Jones (Williams), Pironi coupe dans l'herbe à la chicane mais garde le commandement. Sonnant la charge, Piquet et Jones dépassent Reutemann puis attaquent la Ferrari ; leur fougue fait qu'ils s'accrochent, ce qui expédie la Brabham dans les grillages.

Aux prises avec des ennuis de freins qui finiront par causer son abandon, Pironi est dépassé simultanément par les deux Williams puis par la Ligier de Jacques Laffite, dans le rythme des leaders. Au vingtième tour, nouveau coup de théâtre en tête : la boîte de vitesses de Jones casse et l'expédie hors de la piste. Nigel Mansell (Lotus) hérite alors de la troisième place.

Les positions se figent. On voit quelques spectateurs ouvrir leurs parapluies mais les voitures ne semblent pas affectées par les gouttes éparses. Pourtant, à la surprise générale, le drapeau à damier est agité au 54e passage de Reutemann, alors que la course devait comporter 70 tours. Après leur bévue du départ, les organisateurs n'ont pas voulu prendre le moindre risque en cas de pluie plus abondante.

Au terme d'un grand prix à oublier, l'Argentin conforte sa position en tête du championnat et Mansell signe son premier podium en F1.

1982 : Le dernier tour de Gilles Villeneuve

9 mai 1982, circuit de Zolder (70 tours soit 298 km)
1. John Watson (McLaren-Ford) en 1 h 35 min 41,995 s
2. Keke Rosberg (Williams-Ford) à 7,268 s
3. Eddie Cheever (Ligier-Matra) à 1 tour

La tension est à son comble dans le petit monde de la F1, en ce printemps 1982. Le précédent grand prix, à Imola, a exacerbé les rancœurs de toutes sortes. Nouvelle bataille dans la longue guerre qui oppose depuis quelques années la Fédération présidée par Jean-Marie Balestre et une majorité de constructeurs rangés derrière Bernie Eccelstone, les écuries indépendantes ont boycotté le Grand Prix de Saint-Marin disputé par seulement quatorze voitures, contre plus d'une trentaine habituellement. A Zolder, tout le monde est à nouveau présent.

Sportivement, Imola a brutalement marqué la fin de l'amitié qui liait les deux pilotes Ferrari, Gilles Villeneuve et Didier Pironi. Alors qu'ils filaient vers un doublé à Imola, les consignes du stand ont été différemment interprétées. Le Canadien, alors en tête, a pensé que les positions ne devaient plus bouger. Le Français, lui, s'est senti libre d'attaquer et de prendre l'avantage dans le dernier tour pour gagner au nez et à la barbe de son équipier furieux.

Dans le paddock de Zolder, Villeneuve parle de « vengeance ». Le samedi, à un quart d'heure de la fin de la séance qualificative, la plus rapide des Ferrari est celle de Pironi. Le Québécois, qui veut devancer le Français à tout prix, n'a que peu de tours pour améliorer son chrono. Avec toute la fougue qu'on lui connaît au volant, il s'élance avec son second train de pneus. Après la petite chicane, il rattrape la March de Jochen Mass. Dans son tour de décélération, l'expérimenté pilote allemand — il court ici son centième grand prix — s'écarte à droite pour libérer la meilleure trajectoire. C'est hélas par la droite que Villeneuve voulait passer au plus vite. Le choc est léger mais la Ferrari décolle à la verticale et rebondit en se disloquant. Son pilote, encore harnaché à son siège, est éjecté. Son casque s'arrache. Il est relevé inerte et déclaré mort le soir à l'hôpital.

Dans ce contexte dramatique, le reste du week-end de course n'est qu'anecdotique. En signe de deuil, la Ferrari de Pironi est également absente de la grille de départ, dont la première ligne est monopolisée par les Renault d'Alain Prost et de René Arnoux.

En course, les monoplaces jaunes ne font pas longtemps illusion. Après quatre tours en tête, Arnoux est lâché par son turbo, tandis que Prost rétrograde constamment au classement, aux prises avec des ennuis de freins.

Du 5e au 68e tour, la Williams de Keke Rosberg mène la ronde et semble filer vers sa première victoire en F1. Pourtant, sur la fin, l'usure de ses pneus devient problématique. Le Finlandais voit dans ses rétroviseurs grossir la McLaren de John Watson, remonté avec une régularité de métronome depuis la neuvième place. Un freinage raté et c'est l'Irlandais qui passe devant et file vers le succès.

L'autre McLaren, celle de Niki Lauda, troisième sur la ligne, est déclassée pour être inférieure de 2 kg au poids réglementaire, ce qui fait le bonheur de Ligier et d'Eddie Cheever.

La suite de la saison finira par sourire à Rosberg, victorieux à Dijon et inattendu champion 1982. En revanche, Pironi sera à son tour victime d'un terrible accident lors des essais en Allemagne ; grièvement blessé aux jambes, il ne courra plus jamais en F1.

1983 : Spa-Francorchamps en version courte

22 mai 1983, circuit de Spa-Francorchamps (40 tours soit 279 km)
1. Alain Prost (Renault) en 1 h 27 min 11,502 s
2. Patrick Tambay (Ferrari) à 23,182 s
3. Eddie Cheever (Renault) à 39,869 s

Pour la première fois depuis 1970, le Grand Prix de Belgique a lieu à Spa-Francorchamps. Le circuit a été raccourci de près de moitié et des modifications importantes ont été apportées afin de répondre aux exigences de sécurité de la Formule 1.

À l'occasion de son grand prix national, Thierry Boutsen débute en F1 comme pilote titulaire de l'équipe Arrows. Il remplace Chico Serra et, surtout, apporte à l'équipe l'argent de *sponsors* dont elle a grand besoin.

Alain Prost (McLaren), leader du Championnat du monde, s'assure la *pole position* en devançant seulement d'un centième de seconde Patrick Tambay (Ferrari). Avec Andrea de Cesaris (Alfa Romeo), troisième, ils sont les seuls à dépasser 200 km/h de moyenne lors des qualifications. Les moteurs turbocompressés sont rois à Spa ; Keke Rosberg (Williams), le meilleur des pilotes sans moteur turbo, n'obtient que la neuvième place sur la grille, à trois secondes de la *pole*. Thierry Boutsen se qualifie en 18ᵉ position.

Disputée sous la pluie, la seconde séance d'essais met en évidence des problèmes d'accumulation d'eau sur la piste. Les conditions sont sévèrement critiquées par les pilotes, qui menacent même de ne pas participer au grand prix si les mêmes conditions réapparaissaient pour la course. Eddie Cheever (Renault) évite de justesse une Toleman à cause de la mauvaise visibilité et Niki Lauda (McLaren) souligne le danger des flaques d'eau sur la piste. Par bonheur, dimanche, les nuages ne lâchent pas une seule goutte.

Le départ est confus. Le starter décide d'interrompre la procédure en raison d'un peloton mal aligné, mais son signal est mal interprété par certains pilotes qui s'élancent immédiatement. À la fin du tour, tout le monde se replace sur la grille et le départ est donné normalement. Andrea de Cesaris prend la tête de la course devant Alain Prost, Patrick Tambay, Nelson Piquet (Brabham) et Manfred Winkelhock (ATS). Après quelques mètres seulement, Riccardo Patrese (Brabham) doit abandonner la course à la suite d'une panne de moteur. Dès le cinquième tour, Thierry Boutsen renonce également, victime de problèmes de suspension.

De Cesaris mène la course jusqu'au 18e tour. Puis la plupart des pilotes passent par les stands pour faire le plein. Un arrêt long de 25 secondes pénalise de Cesaris, qui perd la première place au profit de Prost, qui a stoppé dix secondes de moins. Deuxième à l'issue de tous les ravitaillements, le pilote Alfa Romeo quitte la course au 26e tour à cause d'une panne de moteur.

Prost remporte le grand prix en devançant Tambay, Cheever, Piquet, Rosberg et Laffite (Williams). Ce succès permet à Alain Prost de prendre la tête du championnat, au détriment de Nelson Piquet.

1984 : Michele Alboreto dit adieu à Zolder

29 avril 1984, circuit de Zolder (70 tours soit 298 km)
1. Michele Alboreto (Ferrari) en 1 h 36 min 32,048 s
2. Derek Warwick (Renault) à 42,386 s
3. René Arnoux (Ferrari) à 1 min 9,803 s

Nous sommes fin avril. Jamais le Grand Prix de Belgique ne s'était déroulé aussi tôt dans l'année. Ça ne se reproduira pas. De même, c'est bien la dernière fois que la F1 pose ses valises à Zolder.

À domicile, Thierry Boutsen fait débuter une Arrows équipée d'un moteur BMW turbo. Son équipier, le Suisse Marc Surer, est l'un des derniers pilotes à devoir se contenter du Ford-Cosworth, désormais surpassé par la génération des mécaniques turbocompressées.

Les deux premières courses de la saison ont été dominées par les McLaren d'Alain Prost et Niki Lauda. En performance pure, les Renault de Derek Warwick et Patrick Tambay leur résistent, mais elles sont trop gourmandes en carburant ; la réduction de capacité des réservoirs et l'interdiction de ravitailler ont conduit Tambay à deux pannes sèches. Quant aux fragiles Ferrari de Michele Alboreto et René Arnoux, elles n'ont pas encore jamais tenu jusqu'à l'arrivée.

Par conséquent, la première ligne occupée par les deux monoplaces italiennes n'inquiète pas outre mesure leurs adversaires. La surprise des qualifications vient des piètres huitième et quatorzième places de Prost et Lauda, accablés de soucis mécaniques ; on ne doute pas qu'ils feront mieux en course.

Eh bien, on se trompe : le Français, leader du championnat, ne boucle que cinq tours avant de se retirer ; son équipier autrichien en fait de même à la mi-course, sans jamais avoir occupé mieux que la septième position.

Devant, Alboreto caracole en tête, devant un Warwick qui ne l'attaque pas ; l'Anglais économise son carburant et attend la panne de l'Italien. Il se trompe, lui aussi. Aujourd'hui, la Ferrari tourne comme une horloge. Celle d'Arnoux également, troisième en début de course, suivi par Manfred Winkelhock, dont on a rarement vu l'ATS à pareille fête.

Vers la mi-course, ce quatuor voit s'immiscer la Brabham de Nelson Piquet et la Williams de Keke Rosberg. Vingtième au premier passage pour avoir totalement raté son départ, le Finlandais effectue une remontée spectaculaire, jusqu'à occuper la deuxième place à la mi-course, à la faveur des changements de pneus.

Des arrêts aux stands excessivement longs ruinent les courses de Winkelhock et d'Arnoux, qui plongent aux douzième et treizième places.

Derrière les imperturbables Alboreto et Warwick, la fin de course est mouvementée avec le tête-à-queue d'Arnoux, la casse moteur de Piquet et la panne sèche de Rosberg.

Les *tifosis* sont aux anges : il y avait dix-huit ans qu'une Ferrari n'avait pas gagné en F1 aux mains d'un pilote italien.

1985 : Trois mois pour refaire toute la piste

15 septembre 1985, circuit de Spa-Francorchamps (43 tours soit 298 km)

1. Ayrton Senna (Lotus-Renault) en 1 h 34 min 19,893 s
2. Nigel Mansell (Williams-Honda) à 28,422 s
3. Alain Prost (McLaren-TAG Porsche) à 55,109 s

Le deuxième Grand Prix de Belgique sur la version courte de Spa-Francorchamps doit se courir le 2 juin 1985. Pour l'accueillir, les organisateurs ont investi dans un coûteux revêtement qui promet d'améliorer l'adhérence en cas de pluie. Mais les travaux ont pris tant de retard qu'il est impossible de tenir une séance d'essais préalable.

Le 31 mai, lorsque débutent les qualifications, les pilotes découvrent un goudron qui ne résiste pas à la chaleur ambiante ni à la puissance des moteurs turbocompressés. Il s'avère impossible de tourner sur une piste qui se dégrade ainsi. Tout le matériel est remballé ! Le Grand Prix de Belgique est reporté au 15 septembre… sur un revêtement qui doit évidemment être entièrement refait d'ici là.

En fureur, Jean-Marie Balestre inflige aux organisateurs belges une forte amende. Ce même président de la Fédération revient à Spa en septembre et, droit dans ses bottes, fait une annonce surréaliste : alors que de nombreuses nations appellent à boycotter le régime raciste d'Afrique du Sud où couve la guerre civile, il n'est pas question d'en annuler le grand prix… car ce gouvernement n'impose aucune mesure d'apartheid sur la course ! Tout le monde lui obéira, sauf les équipes Renault et Ligier, absentes à Kyalami.

Mais revenons sur la piste de Spa-Francorchamps, désormais refaite à neuf. Un nouveau pilote fait son entrée en F1 : l'Allemand Christian Danner pilote pour la jeune écurie Zakspeed. Les essais sont marqués par l'accident de Niki Lauda ; l'accélérateur de sa

McLaren l'expédie intempestivement contre une glissière de sécurité et le triple champion n'est pas en état de conduire ce week-end. Thierry Boutsen (Arrows) signe un excellent sixième temps.

Son équipier, Alain Prost, réalise la *pole*, battant de neuf secondes le meilleur chrono réalisé deux ans plus tôt ! A ses côtés en première ligne, Ayrton Senna. Le jeune prodige a remporté un premier succès en début de saison mais, malgré de nombreuses *pole positions*, ses abandons et accidents ne lui ont pas permis de marquer beaucoup plus de points au championnat.

La pluie, qui arrose le circuit au départ, qui cesse après quelques tours puis qui revient en fin de course, fait les affaires du Brésilien, véritable acrobate lorsque l'adhérence est précaire. Au feu vert, la Lotus prend immédiatement une nette avance. Dès le quatrième tour, Nigel Mansell (Williams) s'installe dans le rôle de poursuivant. Jamais très loin du leader, le Britannique ne parvient néanmoins pas à le rattraper ; après un tête-à-queue à la Source et un passage dans l'herbe aux Combes, il finit par s'avouer vaincu et assure sa deuxième place. Senna gagne son deuxième grand prix.

Longtemps cinquième, Boutsen est trahi par sa boîte de vitesses dans les derniers tours.

1986 : Nigel Mansell surgit de la mêlée

25 mai 1986, circuit de Spa-Francorchamps (43 tours soit 298 km)
1. Nigel Mansell (Williams-Honda) en 1 h 27 min 57,925 s
2. Ayrton Senna (Lotus-Renault) à 19,827 s
3. Stefan Johansson (Ferrari) à 23,592 s

Après un début de saison émaillé d'incidents mécaniques, il rêvait d'être enfin aux avant-postes à Spa. Hélas, Elio de Angelis ne reviendra jamais sur le circuit ardennais. Une dizaine de jours avant le Grand Prix de Belgique, le gentleman italien a trouvé la mort lors d'essais sur le circuit du Castellet ; la rupture de l'aileron de sa Brabham l'a précipité hors de la piste à près de 270 km/h.

Ce drame incite les pilotes à réclamer une réduction de la folle puissance atteinte par les moteurs turbocompressés. De près de 1 200 chevaux, elle devrait être réduite de moitié dans les plus brefs délais, promet la Fédération. Seule l'équipe McLaren rechigne.

Une unique Brabham est alignée pour Riccardo Patrese. L'équipe endeuillée attendra Montréal pour remplacer Elio de Angelis par Derek Warwick.

Les qualifications sont serrées. Cinq pilotes se tiennent en un quart de seconde : Nelson Piquet (Williams), Gerhard Berger (Benetton), Alain Prost (McLaren), Ayrton Senna (Lotus) et Nigel Mansell (Williams). C'est la première fois qu'on voit en première ligne une Benetton, jeune écurie née du rachat de Toleman et qui dispute là son cinquième grand prix. Thierry Boutsen place son Arrows en quatorzième position.

Au départ, c'est la panique générale au premier freinage ! Berger et Prost se touchent légèrement mais s'immobilisent un instant au milieu de l'épingle de la Source. Pour les éviter, le peloton s'écarte comme un vol de moineau. On voit même Keke Rosberg (McLaren) effectuer un 360 degrés afin de retrouver le sens de la piste. Seul Patrick Tambay reste au tapis, cassant la suspension de sa Lola. Berger et Prost perdent un temps précieux en réparations.

Les Brésiliens Piquet et Senna profitent de la situation pour prendre le large. Les Williams sont assurément plus rapides car Mansell vient rapidement prendre la deuxième place à la Lotus, suivie comme son ombre par la Ferrari de Stefan Johansson. Mais le doublé virtuel ne dure pas longtemps : le Britannique dérape en arrivant trop vite à la chicane de l'arrêt de bus et se fait dépasser par ses deux poursuivants.

Après sept tours durant lesquels il occupe la huitième place, Boutsen est brusquement arrêté par une panne électrique. Au tiers de l'épreuve, c'est le leader, Piquet, qui est victime d'un problème de turbo et qui rentre au stand pour abandonner.

À la mi-course, Mansell anticipe légèrement son remplacement de pneus. Lorsque Senna ressort des stands, la Williams lui passe sous le nez et conserve l'avantage.

Dès le vingt-quatrième tour, une fois effectués tous les changements de gommes, les deux premières places sont définitivement figées : Mansell devance Senna en creusant l'écart. Derrière eux, les Ferrari de Michele Alboreto et Stefan Johansson intervertiront leurs positions en vue de l'arrivée. Jacques Laffite demeure cinquième devant un Prost patiemment remonté de la vingt-troisième place après son accrochage du départ.

Mansell signe son premier succès de la saison. Il rivalisera jusqu'au bout pour le titre, battu par Prost de deux petits points.

1987 : McLaren tire les marrons du feu

17 mai 1987, circuit de Spa-Francorchamps (43 tours soit 298 km)
1. Alain Prost (McLaren-TAG Porsche) en 1 h 27 min 03,217 s
2. Stefan Johansson (McLaren-TAG Porsche) à 24,764 s
3. Andrea de Cesaris (Brabham-BMW) à 1 tour

Williams et McLaren se présentent à égalité de points à Spa, après les deux premières épreuves de la saison. Le duel des deux écuries est annoncé et l'on devine que Lotus et Ferrari ne pourront qu'occasionnellement l'arbitrer.

Durant les qualifications, Nigel Mansell (Williams) place la barre très haut en tournant en 1,39 s plus vite que son dauphin, son propre équipier Nelson Piquet. Un troisième moteur Honda s'invite aux premiers rangs, avec la Lotus d'Ayrton Senna. Tout près suivent les Ferrari de Gerhard Berger et Michele Alboreto.

Et les McLaren ? Leurs performances aux essais ont fortement déçu. Alain Prost, sixième temps, est à 2,16 s de la *pole* ; Stefan Johansson, dixième, est à 3,755 s. Un gouffre ! Entre eux s'intercalent les Benetton du Belge Thierry Boutsen, septième, et Teo Fabi, ainsi que la Brabham de Riccardo Patrese.

Au feu vert, Mansell et Senna prennent les devants. Avant la fin du premier tour, Berger et Boutsen s'accrochent ; la Benetton est KO, suspension brisée. Lors du deuxième passage dans le Raidillon, Philippe Streiff perd le contrôle de sa Tyrrell à si haute vitesse que le choc contre le rail la coupe littéralement en deux ! Son équipier, Jonathan Palmer, percute les morceaux qui rebondissent sur la piste. Le drapeau noir arrête la course, on redoute le pire, pourtant les deux pilotes sortent indemnes de ce qu'il reste de leurs voitures.

Streiff n'hésite pas un instant à s'installer dans la troisième Tyrrell pour prendre le second départ. Boutsen et Berger repartent également avec leurs «mulets». Cette fois, c'est Senna qui bondit comme un diable de la deuxième ligne pour virer en tête à la Source. Mansell ne l'entend pas de cette oreille. Il recolle à la Lotus dès les Combes et tente de dépasser par l'extérieur après la descente de Pouhon ; Senna ne cède rien, Mansell se rabat et les deux voitures partent valser sur l'herbe. La Lotus y reste plantée. La Williams repart dernière mais finira par s'arrêter, endommagée par l'incident.

Piquet, Alboreto et Prost se trouvent ainsi propulsés aux trois premières places. Dans le dixième tour, simultanément, Piquet est trahi par son système électronique et Alboreto par un roulement de roue. Voilà la McLaren du « Professeur » en tête et rien ni personne ne pourra l'en déloger.

Le public belge savoure la quatrième place de Boutsen. Hélas, au tiers de l'épreuve, un roulement de sa Benetton le contraint à l'abandon. Un moment deuxième, son équipier Fabi cède sous les attaques de Johansson puis finit par renoncer sur une panne de pompe à huile.

La messe est dite : les McLaren sont aujourd'hui au-dessus du lot. Elles signent un doublé sans bavure, avec au moins un tour d'avance sur tous leurs poursuivants, ou disons plutôt tous les rescapés.

La suite de la saison sourira moins à l'écurie de Ron Dennis. Successivement, Senna, Mansell et Piquet domineront les courses.

1988 : Thierry Boutsen privé de son podium

28 août 1988, circuit de Spa-Francorchamps (43 tours soit 298 km)

1. Ayrton Senna (McLaren-Honda) en 1 h 28 min 0,549 s
2. Alain Prost (McLaren-Honda) à 30,470 s
3. Ivan Capelli (March-Judd) à 1 min 15,768 s

Les *tifosis* sont en deuil. Le Grand Prix de Belgique est la première course de F1 à se courir depuis le décès d'Enzo Ferrari. Le *Commendatore* s'est éteint deux semaines plus tôt, à 90 ans.

Côté calendrier, c'est aussi — si l'on excepte le report de 1985 — la fin des rendez-vous printaniers en Belgique et le début d'épreuves calées en fin d'été, entre fin août et début septembre. Cette saisonnalité se perpétue de nos jours.

C'est aussi une course sans Nigel Mansell. Officiellement, il a attrapé la varicelle en Hongrie et se soigne. On remarque toutefois que sa Williams — désormais propulsée par le jeune et fragile V8 Judd — ne joue plus les premiers rôles depuis qu'elle a perdu son moteur Honda au profit de McLaren. Le « Lion » britannique n'a atteint l'arrivée qu'une seule fois depuis le début de la saison. Frustrant ! Pour le remplacer, Frank Williams a engagé Martin Brundle.

Ces fameuses McLaren-Honda sont tout simplement imbattables cette année. Ayrton Senna et Alain Prost ont raflé les dix premières courses et se présentent à Spa avec une parfaite égalité : 66 points chacun.

Sans surprise, ils occupent la première ligne, le Brésilien ayant tourné quatre dixièmes plus vite que le Français en qualifications. La deuxième ligne est rouge des Ferrari de Gerhard Berger et Michele Alboreto. Thierry Boutsen (Benetton) a le sixième temps.

Prost réussit le meilleur départ et passe premier à la Source. Les deux équipiers respectent leur pacte de non-agression pour le premier freinage. Mais, dès le Raidillon, Senna est tapi dans les échappements du Français ; il se décale dans la montée vers les Combes et passe en tête au raccordement du nouveau circuit.

Berger suit les McLaren mais, dès le troisième tour, l'électronique de son moteur l'expédie aux stands. Il en repart dernier pour abandonner un peu plus tard. Alboreto lui succède au troisième rang, suivi par Boutsen et les Lotus de Satoru Nakajima et Nelson Piquet.

Devant, Senna prend peu à peu le large. Prost a tenté le pari de réduire légèrement l'appui de ses ailerons afin de consommer moins de carburant, mais l'adhérence lui manque pour suivre le rythme du Brésilien et il dégrade ses pneus.

Les positions sont stabilisées et la course devient monotone, si ce n'est l'abandon d'Alboreto à huit tours du but. L'intérêt se reporte sur la remontée d'Ivan Capelli (March), qui dépasse à la régulière Patrese (Williams), Cheever (Arrows), Warwick (Arrows) et Piquet. L'Italien franchit ainsi en cinquième position la ligne d'arrivée, derrière les deux McLaren et les deux Benetton.

Le public belge exulte : derrière Senna et Prost, la troisième marche du podium est occupée par Thierry Boutsen ! Hélas, lors des vérifications techniques effectuées après la course, les commissaires vont trouver dans les réservoirs des deux Benetton un carburant non conforme au règlement. Boutsen et Fabi seront déclassés au profit de Capelli.

Le championnat est presque bouclé. Pour renverser la tendance, il faudrait que Prost remporte les cinq derniers grands prix au programme ; Senna peut dormir tranquille sur ses lauriers !

1989 : Peu de dépassements sous le déluge

27 août 1989, circuit de Spa-Francorchamps (44 tours soit 305 km)
1. Ayrton Senna (McLaren-Honda) en 1 h 40 min 54,196 s
2. Alain Prost (McLaren-Honda) à 1,304 s
3. Nigel Mansell (Ferrari) à 1,824 s

Il y a plus de vingt ans qu'on n'avait pas vu ça : deux pilotes belges sont en lice dans leur grand prix national. Pour Thierry Boutsen, qui avait débuté à Spa en 1983, il s'agit en outre de sa centième épreuve de F1 ; le Bruxellois fait mine de ne pas attacher d'importance à ce cap symbolique. Il n'empêche qu'il a acquis un nouveau statut en entrant dans le club des vainqueurs de grand prix, en s'imposant deux mois auparavant à Montréal. Sa Williams-Renault lui permet enfin de concrétiser pleinement son talent.

Pour le Franco-Belge Bertrand Gachot, en revanche, la course est capitale. Sa première saison dans la catégorie reine tire à sa fin et le baquet de sa modeste Onyx risque de se transformer en siège éjectable si la performance n'est pas au rendez-vous ; il n'a pu qualifier la monoplace que trois fois en dix épreuves.

Les phases de préqualifications et de qualifications sont cruciales avec un plateau de 39 concurrents pour 26 places sur la grille. Parmi les recalés, la plus grande déception vient des Lotus-Judd de Nakajima et Piquet, écartées pour quelques dixièmes de seconde.

Devant c'est, comme l'année précédente, la fête des McLaren. En dix courses, Prost et Senna n'ont laissé que deux miettes à la Ferrari de Mansell et une à la Williams de Boutsen. Mais l'ambiance est devenue exécrable entre les deux équipiers qui finiront par s'accrocher sur la piste, au Japon.

Pour l'heure, le Brésilien et le Français monopolisent la première ligne. Troisième et quatrième, Berger (Ferrari) et Boutsen sont distancés respectivement de 1,5 et 1,9 s. Tous les autres pilotes sont à plus de deux secondes. Qualifié au vingt-troisième rang, Gachot est à près de six secondes de la *pole*.

Retardé d'une demi-heure en raison de trombes d'eau qui noient le circuit, le départ est donné sur une piste qui restera humide en dehors de la trajectoire idéale. Il est donc hasardeux, dans ces conditions, de tenter des dépassements. Le bon côté des choses est que, moins sollicitées, les mécaniques ne provoqueront guère d'abandons. Gachot sera de ces malchanceux ; une rupture de moyeux l'expédiera dans un mur de pneus au 22e tour.

Senna prend le meilleur envol, suivi de Prost, Berger, Mansell, Boutsen, Patrese (Williams), Nannini (Benetton), Warwick (Arrows) et Gugelmin (March). Mis à part l'abandon de Berger sur tête-à-queue au dixième tour, ce classement sera strictement le même à l'arrivée !

Sortant les spectateurs de leur ennui, Mansell se livre à une fin de course flamboyante, harcelant Prost pour tenter de lui ravir la deuxième place. La Ferrari ne trouvera jamais l'ouverture.

1990 : Trois départs pour une seule course

26 août 1990, circuit de Spa-Francorchamps (44 tours soit 305 km)

1. Ayrton Senna (McLaren-Honda) en 1 h 26 min 31,997 s
2. Alain Prost (Ferrari) à 3,550 s
3. Gerhard Berger (McLaren-Honda) à 28,462 s

Revoilà les frères ennemis ! Aux avant-postes du championnat, Ayrton Senna et Alain Prost se battent désormais au volant de voitures différentes ; le Brésilien est resté chez McLaren tandis que le Français, titré en 1989, est parti chez Ferrari.

Mais le pilote le plus attendu du public ardennais, c'est Thierry Boutsen. Deux semaines auparavant, sur le tourniquet de Budapest, il a remporté le troisième grand prix de sa carrière en F1. Sa Williams-Renault lui permet de tirer profit du moindre faux pas des ténors du championnat.

L'autre Belge figurant sur la liste des engagés est Bertrand Gachot, encore tombé dans une écurie dont le manque de moyens entraîne un terrible manque de performances. Il ne parvient pas à qualifier sa Coloni, revenue au moteur Ford après le catastrophique Subaru.

L'avant de la grille de départ ressemble étrangement à celle de l'an passé : deux McLaren en première ligne (Senna et Berger), suivies d'une Ferrari (Prost) et de la Williams de Boutsen.

Au feu vert, le premier freinage fait des dégâts : Aguri Suzuki (Lola) pousse Nelson Piquet (Benetton) sur Nigel Mansell (Ferrari), lequel s'immobilise contre le rail juste avant la Source. Dans la pagaille qui en résulte, des voitures sont bloquées ou endommagées. Plus loin, une autre collision implique la Tyrrell de Satoru Nakajima et la Brabham de Stefano Modena. Drapeau rouge !

Le deuxième départ réussit à Boutsen, qui pointe juste derrière le leader, Senna. Mais, dès le virage de l'Eau rouge, Paulo Barilla explose sa Minardi contre les barrières et répand des débris sur la piste ; il n'est heureusement pas blessé. Second drapeau rouge !

Le troisième départ est le bon. Une fois de plus, Senna file devant et prend le large. Aucun de ses adversaires ne le reverra.

La situation est nettement plus mouvementée pour le gain des places d'honneur. Prost vient successivement à bout de Berger et de Nannini (Benetton) pour se hisser en deuxième position. Boutsen vient d'accéder à la troisième place quand un bris de cardan anéantit sa course.

Un duel musclé oppose Berger et Nannini. Leurs roues en viennent à se toucher sans dommages. L'Autrichien ne prend le dessus sur l'Italien qu'à trois tours de l'arrivée.

Senna, Prost, Berger ; le podium du Grand Prix de Belgique correspond exactement au classement du championnat au soir de la course.

1991 : Ayrton Senna dépasse Jim Clark

25 août 1991, circuit de Spa-Francorchamps (44 tours soit 305 km)
1. Ayrton Senna (McLaren-Honda) en 1 h 27 min 17,669 s
2. Gerhard Berger (McLaren-Honda) à 1,901 s
3. Nelson Piquet (Benetton-Ford) à 32,176 s

Deux plus un, moins un, égale deux ! Oui, comme l'an passé, il y a bien deux Belges parmi les engagés du Grand Prix de Belgique, mais ce ne sont pas exactement les mêmes. Thierry Boutsen est toujours fidèle au poste, hélas il n'officie plus chez Williams, l'écurie montante ; il a trouvé refuge chez Ligier, équipe dans le creux de la vague et qui n'a pas marqué le moindre point depuis deux ans.

Le second pilote belge est un nouveau venu cette saison en F1 : Eric van de Poele court pour l'éphémère et désargentée équipe Modena qui engage des Lamborghini peu compétitives. Sur les dix premières épreuves de l'année, il n'a pu qualifier sa voiture qu'une seule fois.

Le Belge soustrait du plateau est Bertrand Gachot. Il a fait débuter la prometteuse écurie Jordan et a placé à trois reprises la monoplace irlandaise dans les points. En juin, il a aussi gagné les 24 Heures du Mans avec Mazda. S'il est absent à Spa, c'est parce qu'il croupit dans une prison britannique ! Lors d'une altercation entre automobilistes survenue à Londres, Gachot a fait usage d'une bombe lacrymogène. Aux yeux de la très sévère justice anglaise, c'est l'équivalent d'une arme et il écope de dix-huit mois d'emprisonnement. Au bout de deux mois, le pilote sera libéré pour… bonne conduite ! Hélas pour Gachot, Eddie Jordan lui a trouvé un remplaçant intéressant, un jeune Allemand qu'il fait débuter en Belgique et qui se nomme Michael Schumacher !

Durant les essais, Eric van de Poele, accidenté et brièvement hospitalisé, ne parvient toujours pas à qualifier sa Lamborghini, tandis que Thierry Boutsen doit se contenter du dix-huitième temps. La surprise vient du débutant Schumacher, septième temps absolu, qui devance de sept dixièmes son équipier chez Jordan, l'expérimenté Andrea de Cesaris. La *pole* incontestée est l'œuvre d'Ayrton Senna (McLaren), d'une seconde plus rapide que son dauphin et éternel adversaire, Alain Prost (Ferrari).

Au feu vert, le Brésilien s'élance sans encombre. Michael Schumacher est sixième à l'Eau rouge mais, dans le Raidillon, il est lâché par son embrayage et abandonne. Au tour suivant, Nigel Mansell (Williams) ravit la deuxième place à Prost ; le Français n'ira guère plus loin car, lorsqu'il sort pour la troisième fois de la Source, ses échappements vomissent des flammes et son moteur rend l'âme.

Au tiers de l'épreuve, le changement de pneus s'effectue plus rapidement chez Williams que chez McLaren, ce qui permet à Mansell de passer en tête. Cependant, à la mi-course, une panne électrique l'immobilise définitivement.

Jean Alesi (Ferrari), qui a prévu de faire toute la course sans changer de pneus, prend alors l'avantage, suivi à courte distance par Senna, lui-même sous la menace de Nelson Piquet (Benetton). Quand une nouvelle panne de moteur contraint le Français à l'abandon, la McLaren reprend définitivement la première place.

Derrière lui se battent deux pilotes auteurs de belles remontées, de Cesaris et Riccardo Patrese (Williams). Ils seront retardés en vue de l'arrivée au profit de Gerhard Berger (McLaren) et de Piquet.

Comme Jim Clark, qui gagna à Spa de 1962 à 1965 inclus, Ayrton Senna s'offre un quatrième succès consécutif dans les Ardennes. En y ajoutant sa première place de 1985, le Brésilien devient seul *recordman* du Grand Prix de Belgique avec cinq victoires. Plus tard, il sera délogé par un certain… Michael Schumacher !

1992 : Michael Schumacher à qui perd gagne

30 août 1992, circuit de Spa-Francorchamps (44 tours soit 307 km)
1. Michael Schumacher (Benetton-Ford) en 1 h 36 min 10,721 s
2. Nigel Mansell (Williams-Renault) à 36,595 s
3. Riccardo Patrese (Williams-Renault) à 43,897 s

Huit victoires, deux deuxièmes places et un seul abandon en onze courses : le début de saison hégémonique de Nigel Mansell (Williams-Renault) — généralement suivi comme son ombre par son équipier Riccardo Patrese — ne laisse planer aucun suspense sur l'issue du championnat. Les spectateurs espèrent juste un faux pas des Williams pour rendre un peu d'intérêt aux grands prix de F1.

On peut imaginer que le carburant développé par Elf pour le moteur Renault n'est pas totalement étranger à cette réussite car, lorsqu'il est question de mieux réglementer l'essence utilisée en course, le pétrolier français rejette toutes les propositions de ses concurrents.

À Spa, le principal changement est l'absence de l'équipe Brabham, ruinée, qui a fait sa dernière apparition en F1 à Budapest. Quant à l'écurie italienne Andrea Moda, abonnée aux non-qualifications, ses dirigeants sont arrêtés dans le paddock par les policiers liégeois pour ses soupçons de fraude fiscale et de fausses factures ; on ne reverra plus jamais en grand prix cette équipe boiteuse.

Chez March, on note le remplacement de Paul Belmondo par le débutant Emanuele Naspetti. Côté Belges, on retrouve Thierry Boutsen chez Ligier, Bertrand Gachot dans une Venturi de l'écurie Larrousse et Eric van de Poele transféré de Brabham à Fondmetal.

Grosse frayeur durant les essais : Erik Comas explose sa Ligier dans l'ultrarapide courbe de Blanchimont. Senna, qui suivait, sort de sa McLaren et court jusqu'à la monoplace dont le moteur rugit toujours. Le pilote français est inconscient mais son pied enfonce l'accélérateur. Senna actionne le coupe-circuit pour éviter tout risque d'explosion. Hospitalisé, Comas ne souffre heureusement que d'une commotion cérébrale et doit renoncer à la course.

Mansell signe sa dixième *pole position* en douze courses, avec plus de deux secondes d'avance sur son dauphin, Senna. Au feu vert, le Brésilien est le plus prompt à démarrer. Il boucle en tête le premier tour mais doit ensuite laisser passer les deux Williams.

La pluie se pointe alors pour détremper une partie du circuit, l'autre moitié demeurant sèche. Mansell, leader, choisit aussitôt de passer les pneus rainurés ; il reprend la piste en quatorzième position. Au fil des arrêts, Senna retrouve le commandement puisqu'il est le dernier à conserver des pneus *slicks*. Au-delà du dixième tour, ce pari n'est plus tenable et le Brésilien plonge au classement, effectuant — comme tant d'autres — un tête-à-queue à la Source.

Dès lors, un ordre bien établi s'instaure : les Williams de Mansell et Patrese devancent les Benetton de Michael Schumacher et Martin Brundle. Rien ne semble devoir renverser cette hiérarchie.

Quand, au 29e tour, Schumacher fait une incursion dans l'herbe et se trouve dépassé par son équipier, personne n'imagine que cet incident va lui donner la victoire ! Pourtant, obligé de changer ses pneus abîmés, il est le premier à revenir aux *slicks*. C'est la stratégie gagnante sur une trajectoire qui s'assèche. La Benetton remonte imparablement sur les Williams qui tardent trop à passer aux stands.

Mansell, enfin en *slicks*, tente bien de revenir sur Schumacher mais, à cinq tours du but, un bris d'échappement ralentit le Britannique qui préfère assurer sa deuxième place.

Michael Schumacher remporte son premier Grand Prix, un an exactement après avoir débuté en F1 sur ce même circuit.

1993 : Dernier tour écourté pour Boutsen

29 août 1993, circuit de Spa-Francorchamps (44 tours soit 307 km)
1. Damon Hill (Williams-Renault) en 1 h 24 min 32,124 s
2. Michael Schumacher (Benetton-Ford) à 3,668 s
3. Alain Prost (Williams-Renault) à 14,988 s

La Williams-Renault de Nigel Mansell dominait la saison 1992. La même voiture survole le championnat 1993 aux mains d'Alain Prost. Le Français se présente à Spa fort de sept succès dans les onze premières épreuves de l'année.

Pour le dixième anniversaire de son apparition en F1, Thierry Boutsen pilote une Jordan-Hart si peu fiable qu'aucun des pilotes qui se sont succédé à son volant n'a pu marquer le moindre point depuis le début de la saison. Le Belge sait qu'il s'agit là de sa dernière course en monoplace. A 36 ans, il estime qu'il est temps de se tourner vers d'autres disciplines du sport automobile. Le mercredi précédant le Grand Prix de Belgique, il rassemble sa famille et ses meilleurs amis pour un joyeux « pot de départ ».

Les essais du vendredi sont marqués par l'accident d'Alessandro Zanardi. Sa Lotus aborde l'Eau rouge à près de 280 km/h, part dans une série de tête-à-queue, se disloque contre le rail de gauche pour traverser la piste et s'écraser contre celui de droite. Le pilote s'en sort avec le nez fracturé et une dent cassée. Lors du briefing, Ayrton Senna réclame en vain l'élargissement du bac à graviers au sommet du Raidillon.

Dominant les essais, les Williams d'Alain Prost et Damon Hill — le fils de Graham — occupent la première ligne. L'auteur du troisième chrono, Michael Schumacher (Benetton), concède une seconde et demie ; tous les suivants, plus de deux secondes. Boutsen est vingtième.

Les Benetton de Schumacher et Patrese ratent complètement leur départ ; leur nouveau système de démarrage automatique n'est pas au point ! Ayrton Senna parvient à intercaler provisoirement sa McLaren entre les deux Williams.

Au bout de quelques centaines de mètres, lâché par sa boîte de vitesses, Thierry Boutsen n'a même pas le plaisir de boucler un tour complet pour sa dernière course en F1. La fête a comme un goût d'inachevé.

Devant, les positions se sont stabilisées : Prost devance Hill, Senna et Schumacher, bien revenu. Au tiers de l'épreuve, un premier changement de pneus permet à l'Allemand de s'installer devant le Brésilien.

Les deux Williams semblent intouchables, une fois de plus. C'est un arrêt au stand anormalement long, lors du second remplacement des pneus, qui coûte la victoire à Prost, relégué en troisième position sans espoir de revenir sur Hill et Schumacher.

L'arrivée est jugée dans cet ordre, sans autre fait saillant si ce n'est la méritoire cinquième place de Johnny Herbert qui marque là les derniers points de l'écurie historique Lotus avant la faillite de 1994.

En l'espace de deux semaines, Damon Hill a remporté les deux premiers grands prix de sa jeune carrière. Il vient notamment de s'imposer à Spa où — étrangement — son champion de père n'avait jamais triomphé.

1994 : Double punition pour Schumacher

28 août 1994, circuit de Spa-Francorchamps (44 tours soit 308 km)
1. Damon Hill (Williams-Renault) en 1 h 28 min 47,100 s
2. Mika Häkkinen (McLaren-Peugeot) à 51,381 s
3. Jos Verstappen (Benetton-Ford) à 1 min 10,453 s

Sept succès en dix courses ; le début de la saison 1994 a été dominé par la Benetton de Michael Schumacher. L'Allemand semble se présenter à Spa avec une confortable avance sur son poursuivant Damon Hill (Williams). Pourtant, cet avantage peut rapidement fondre car, deux jours après le Grand Prix de Belgique, la FIA dira si, oui ou non, Schumacher doit être sanctionné pour avoir ignoré à plusieurs reprises le drapeau noir à Silverstone.

Quelques mois après les accidents mortels d'Ayrton Senna et Roland Ratzenberger à Imola, les préoccupations de sécurité sont omniprésentes, au point de créer en toute hâte une chicane serrée au pied du Raidillon de l'Eau rouge. Les monoplaces la franchissent à 80 km/h seulement. Un élargissement des zones de sécurité est promis dans ce secteur pour 1995.

Côté effectifs, deux Philippe débarquent dans les baquets. Le Wallon Philippe Adams, titré en F3 puis en F2, est soutenu financièrement par son père pour prendre le volant de la Lotus d'Alessandro Zanardi ; son expérience en F1 tournera court, car la monoplace est lente et l'écurie moribonde ne passera pas l'hiver. Chez Larrousse, Olivier Beretta est débarqué et remplacé, pour une seule course, par Philippe Alliot, dont c'est le dernier grand prix.

Le Franco-Belge Bertrand Gachot vit une nouvelle saison cauchemardesque au volant d'une Pacific rarement qualifiée. A Spa, il est encore recalé, comme son équipier Paul Belmondo.

Sous une pluie diluvienne, les essais sourient à Rubens Barrichello (Jordan), sorti en *slicks* lors d'une rare éclaircie. Il signe à la fois la première *pole position* de sa carrière, la première de l'écurie Jordan et devient le plus jeune *poleman* de l'histoire de la F1.

Contrairement aux qualifications, la course se dispute sur le sec.

Si le Brésilien prend le meilleur départ, il est dépassé dès la montée de Kemmel par Schumacher et, avant la fin du premier tour, par la Ferrari de Jean Alesi. À l'issue du deuxième tour, le Français est trahi par sa mécanique, tandis que Barrichello est dépassé par les Williams de Damon Hill et David Coulthard ainsi que la McLaren de Mika Häkkinen.

En tête, la Benetton prend le large à raison de plus d'une seconde par tour. Rien ne semble pouvoir l'arrêter, pas même un tête-à-queue effectué au 19e passage dans Pouhon ; la monoplace dérape sur 360 degrés sans quitter l'asphalte et reprend sa course comme si de rien n'était. Derrière lui, les Williams ont inversé leur ordre et Barrichello sort de la piste à petite vitesse.

Durant la seconde moitié de course, des problèmes de boîte de vitesses font plonger Coulthard derrière Hill, Häkkinen et Jos Verstappen (Benetton) — le père de Max.

Schumacher débouche le champagne sur le podium mais, plusieurs heures plus tard, on apprend sa disqualification ; le patin de bois qui témoigne de la hauteur de la voiture est anormalement usé — et pas seulement à cause du tête-à-queue du 19e tour.

Deux jours plus tard, la FIA inflige à l'Allemand deux courses de suspension pour son comportement à Silverstone.

Ces deux sanctions, coup sur coup, permettent à Hill de combler son retard. L'incertitude du championnat est relancée !

1995 : Schumacher, le meilleur comme le pire

27 août 1995, circuit de Spa-Francorchamps (44 tours soit 307 km)
1. Michael Schumacher (Benetton-Renault) en 1 h 36 min 47,875 s
2. Damon Hill (Williams-Renault) à 19,493 s
3. Martin Brundle (Ligier-Mugen Honda) à 24,998 s

Le paddock de Spa résonne en boucle de la nouvelle officialisée quelques jours plus tôt : en 1996, « Schumi » rimera avec Ferrari ! En attendant, c'est au volant de sa Benetton que le champion allemand remet son titre en jeu ; la bataille avec Damon Hill (Williams) est plus serrée que l'an passé. Le public peut s'attendre à un beau duel, à défaut de voir un pilote belge en piste.

Lors des essais libres, Michael Schumacher détruit sa monoplace à Malmedy. Le temps de la réparation déborde sur celui des qualifications. Problème : seules les premières minutes de la séance se déroulent sur un circuit sec. Promptes à s'élancer, les Ferrari de Gerhard Berger et Jean Alesi s'octroient la première ligne. Quand sa Benetton est prête, le champion du monde trouve une piste détrempée qui le condamne à démarrer de la seizième place de la grille. Pourtant, à coureur vaillant rien d'impossible !

Le départ est donné sur le sec. Alesi et Johnny Herbert (Benetton) se présentent côte à côte à l'Eau rouge. Le Français ne lève pas le pied et grimpe le Raidillon en tête. Néanmoins, avant les Combes, le Britannique prend l'aspiration et l'avantage. Berger et Mika Häkkinen (McLaren) suivent de près ces deux furieux. Pas pour longtemps : abordant le deuxième tour, le Finlandais part en tête-à-queue en sortant de la Source, cale et ne peut relancer son moteur.

De retour à Kemmel, Alesi rend la monnaie de sa pièce à Herbert. Cependant, dès la fin du quatrième tour, la Ferrari de tête rentre au stand et renonce, suspension cassée ; le pilote français est furieux.

Aux avant-postes, c'est au tour des Williams de David Coulthard et Damon Hill de mettre la pression sur Herbert. Et ça marche ! Aux Combes, la Benetton effectue un gracieux tête-à-queue sur l'herbe et perd cinq places d'un coup. Berger, Eddie Irvine (Jordan) et Schumacher — eh oui, il est déjà cinquième — l'ont aussi dépassée.

Dans le 14ᵉ tour, le leader Coulthard se range sur le bas-côté, boîte de vitesse hors d'usage. Deux tours plus tard, lorsque Hill ravitaille, Schumacher se retrouve premier ; en seize tours, il est remonté de seize places !

À la mi-course, grosse chaleur dans le stand Jordan : lors du ravitaillement d'Irvine, de l'essence s'échappe et s'enflamme ! Le feu est éteint en cinq secondes et tout le monde s'en sort indemne.

La pluie apparaît. Schumacher en *slicks* est rattrapé par Hill en pneus rainurés. Les deux voitures franchissent les Combes côte à côte et la Benetton tasse la Williams vers le vibreur. Durant tout un tour, à chaque attaque du Britannique, l'Allemand change brutalement de trajectoire pour fermer la porte. Les commissaires, qui ont déjà disqualifié Schumacher l'année précédente, lui infligeront cette fois un grand prix de suspension avec sursis pour ce comportement bien peu *fair-play*.

De retour aux Combes, le champion du monde ne peut pas résister davantage, il glisse dans l'herbe et reprend la piste derrière Hill.

Le circuit s'assèche et se réhumidifie sans cesse, au gré des averses, ce qui rend aléatoires les changements de pneus. Le *safety-car* intervient pour neutraliser quatre tours. A la reprise de la course, Hill est pénalisé d'un *stop and go* pour avoir dépassé la vitesse autorisée dans les stands. C'est fini, il ne peut plus rattraper Schumacher qui creuse aussi l'écart au championnat.

1996 : La revanche de Ferrari

25 août 1996, circuit de Spa-Francorchamps (44 tours soit 307 km)
1. Michael Schumacher (Ferrari) en 1 h 28 min 15,125 s
2. Jacques Villeneuve (Williams-Renault) à 5,602 s
3. Mika Häkkinen (McLaren-Mercedes) à 15,710 s

Le débutant de la saison 1996 est un certain Jacques Villeneuve, fils du regretté Gilles disparu à Zolder quatorze ans auparavant. Le jeune Québécois a de qui tenir puisqu'il a signé la *pole position* dès son premier grand prix en F1 et il s'est imposé dès sa quatrième course. Il se présente à Spa avec déjà trois victoires à son actif, deuxième du championnat derrière son équipier chez Williams, Damon Hill (7 victoires), mais loin devant le champion en titre, Michael Schumacher (1 victoire), passé chez Ferrari. La fiabilité fait trop souvent défaut à la *Scuderia*.

Hill n'est pourtant pas serein car Franck Williams ne fait aucun effort pour renouveler son contrat et laisse courir la rumeur selon laquelle l'Allemand Frentzen le remplacerait la saison prochaine.

La liste des engagés de Spa est plus courte que celle des précédentes épreuves ; l'écurie italienne Forti a définitivement jeté l'éponge.

Lors des essais libres du vendredi, Schumacher détruit sa monoplace dans un mur de pneus. Il en sort en boitillant mais sans fracture. Il attend le lendemain pour reprendre le volant, d'autant plus que ses mécaniciens doivent lui remonter une nouvelle voiture.

La pluie menace la séance de qualification. Villeneuve est le plus prompt à signer le meilleur chrono, quatre dixièmes devant son équipier Hill. Troisième, Schumacher concède 1,2 s. La pluie survient et ne permet plus d'améliorer les temps. Giovanni Lavaggi, qui a cassé le moteur de sa Minardi, ne peut plus espérer se qualifier.

Dix-neuf voitures seulement se présentent donc sur la grille de départ où une minute de silence est observée en mémoire des jeunes victimes du pédophile récemment arrêté à Charleroi. La piste est à peu près sèche.

Au premier freinage, un contact en Olivier Panis (Ligier) et Rubens Barrichello (Jordan) provoque l'abandon du Français et un accrochage fratricide entre les deux pilotes Sauber, Johnny Herbert et Heinz-Harald Frentzen, qui restent sur le carreau.

Villeneuve vire en tête, suivi par Schumacher qui a surpris Hill. Le Britannique perd encore une place aux Combes, au bénéfice de David Coulthard (McLaren). La situation n'évolue pas durant une douzaine de tours. L'écart demeure particulièrement mince entre Villeneuve et Schumacher, sans toutefois permettre un dépassement.

Soudain, le Néerlandais Jos Verstappen, très populaire en Belgique, perd le contrôle de sa Footwork qui sort violemment à Stavelot. Le *safety-car* sort et l'équipe médicale se rend sur place. Quoique sonné, le pilote peut rejoindre à pied l'ambulance.

Durant la neutralisation, les principaux concurrents ravitaillent, à l'exception des McLaren de Coulthard et Häkkinen qui pointent ainsi en tête à la reprise. Lorsqu'ils passent par les stands, vers la mi-course, c'est Schumacher qui devance Villeneuve d'une petite seconde.

L'ordre est inversé mais, comme au début, le poursuivant ne parvient jamais à tenter une attaque sur le leader. La seconde série de ravitaillements n'y change rien. Ferrari remporte sa deuxième course de la saison.

1997 : Spa invente le départ sous safety-car

24 août 1997, circuit de Spa-Francorchamps (44 tours soit 307 km)
1. Michael Schumacher (Ferrari) en 1 h 33 min 46,717 s
2. Giancarlo Fisichella (Jordan-Peugeot) à 26,753 s
3. Heinz-Harald Frentzen (Williams-Renault) à 32,147 s

Deux pilotes dominent la saison : Michael Schumacher (Ferrari) et Jacques Villeneuve (Williams-Renault). Ils se présentent à Spa séparés de seulement trois points au championnat, à l'avantage de l'Allemand. Tous les autres pilotes sont à des années-lumière, avec une bonne trentaine de points de retard.

Disputées sous le soleil, les qualifications permettent au Canadien de prendre l'avantage. Un autre moteur Renault sera à ses côtés sur la grille de départ, celui de la Benetton du généreux Jean Alesi. La Ferrari de Schumacher doit se contenter du troisième chrono, à huit dixièmes de la *pole*, en compagnie de Giancarlo Fisichella (Jordan).

Le cinquième temps de Mika Häkkinen (McLaren) est remis en cause pour carburant non conforme. Afin d'éviter qu'il ne s'élance du fond de grille, son équipe fait appel de son déclassement ; l'affaire sera jugée ultérieurement, l'éventuelle sanction est ainsi repoussée.

Moins d'une demi-heure avant le départ, un déluge se déverse sur Francorchamps. Beaucoup montent les pneus pluie, mais pas Michael Schumacher, qui choisit les intermédiaires en voyant le vent chasser rapidement les lourds nuages, ni son frère Ralf (Jordan), qui part des stands en *slicks* à bord du *mulet* après être sorti durant le tour de formation.

À 14 heures, la piste est encore détrempée. Afin d'éviter un carambolage au freinage de la Source, le départ est donné sous *safety-car* pour la première fois en F1.

Après trois tours au ralenti, le drapeau vert est agité. Encore une boucle d'observation et, sur l'asphalte qui s'assèche, la Ferrari dépasse coup sur coup la Benetton d'Alesi et la Williams de Villeneuve. Le *Baron rouge* a gagné son pari, il est déjà en tête.

Dès le septième tour, Schumacher compte 22 secondes d'avance sur Fisichella, deuxième, et il accroît son avantage de six secondes supplémentaires à chaque passage ! Dans le même temps, Villeneuve passe les pneus intermédiaires et reprend la piste en dix-huitième position. L'écart est déjà insurmontable. Son équipier, Frentzen, en perdition, chausse sans attendre les *slicks*. C'est un meilleur choix car la trajectoire est désormais quasiment sèche.

Fisichella adopte la même tactique au onzième tour. En quittant son emplacement, il est tout près de percuter Damon Hill (Arrows) qui rentre à son tour. L'incident reste sans conséquences. Häkkinen puis Alesi héritent provisoirement de la deuxième place, mais la première est hors de portée ; la Ferrari compte une minute d'avance lorsqu'il stoppe pour changer ses gommes.

Quelques pilotes se font piéger par une courte averse, mais ils ne figuraient pas dans les points aussi leurs abandons ne bouleversent-ils pas la physionomie de la course. La victoire de Michael Schumacher ne souffre aucune contestation, tout comme l'exemplaire deuxième place de Fisichella. En revanche, Häkkinen, troisième sur la ligne d'arrivée, est déclassé pour carburant non conforme.

Au championnat, Schumacher reprend nettement l'avantage sur Villeneuve, anonyme cinquième à Spa. Les archives officielles n'en conserveront toutefois pas trace car, en raison de sa tentative de sortir son adversaire canadien lors du Grand Prix d'Europe, tous les points de l'Allemand lui seront retirés en fin de saison !

1998 : Jordan émerge du grand carambolage

30 août 1998, circuit de Spa-Francorchamps (44 tours soit 307 km)
1. Damon Hill (Jordan-Mugen Honda) en 1 h 43 min 47,407 s
2. Ralf Schumacher (Jordan-Mugen Honda) à 0,932 s
3. Jean Alesi (Sauber-Petronas) à 7,240 s

Le retrait du motoriste Renault à l'issue de la saison précédente n'a pas laissé Michael Schumacher et Ferrari orphelins d'adversaires. Dès les premières courses de 1998, les McLaren-Mercedes de Mika Häkkinen et David Coulthard se sont positionnées comme les plus rapides du plateau. Mais le *Baron rouge* résiste. Avant le Grand Prix de Belgique, il est seul en mesure de menacer le Finlandais.

Les premiers essais sont marqués par deux violentes sorties dans le Raidillon : Jacques Villeneuve (Williams) et Mika Salo (Arrows) s'en tirent sonnés mais indemnes. Les qualifications sont, une fois de plus, dominées par les McLaren qui collent une seconde à leurs plus proches adversaires.

Le départ est donné sur une piste très humide. L'épingle de la Source est franchie sans incident mais, dès la réaccélération, Coulthard part en tête-à-queue, heurte le muret à sa droite et rebondit en travers de la piste. Dans les gerbes d'eau soulevées par les voitures, c'est la confusion la plus totale. Des monoplaces glissent en tous sens, des roues arrachées volent au-dessus du peloton. C'est le plus gros carambolage de l'histoire de la F1. Il implique les 13 voitures de Coulthard, Wurz, Herbert, Barrichello, Panis, Salo, Rosset, Irvine, Takagi, Diniz, Trulli, Verstappen et Nakano. Drapeau rouge !

Trois quarts d'heure plus tard, un second départ est donné. Barrichello, Panis, Salo et Rosset n'y prennent pas part, faute de voiture réparée ou de *mulet* disponible. Surgi comme un beau diable de la deuxième ligne, Damon Hill (Jordan) sort en tête de la Source.

Derrière lui, Häkkinen et Michael Schumacher franchissent l'épingle côte à côte ; les roues se frôlent, la McLaren part en toupie et Johnny Herbert (Sauber) ne peut l'éviter. Le leader du championnat est *out* ! La voiture de sécurité entre en piste, le temps d'évacuer les deux monoplaces, puis elle s'efface devant Hill qui précède les Ferrari de Michael Schumacher et Eddie Irvine.

Au septième tour, l'Allemand parvient à dépasser la Jordan et prend le large. Trois boucles plus tard, Irvine perd son aileron avant et fait une incursion dans l'herbe, perdant toute chance de bien figurer.

La suite semble toute tracée pour Michael Schumacher. Pourtant, au 24e passage, alors qu'il va prendre un tour à Coulthard... il percute la McLaren et perd une roue avant ! Furieux, il accuse l'Écossais d'avoir volontairement ralenti pour provoquer son abandon. Bouleversé par ces accusations, Coulthard se défend : « Je me suis mis sur la droite car mon stand m'avait demandé de le laisser passer. On n'y voyait rien ! » Dans la brume soulevée par les monoplaces, la même mésaventure survient trois tours plus tard à Giancarlo Fisichella (Benetton) qui percute par l'arrière la Minardi de Shinji Nakano.

Dès lors, les deux Jordan de Damon Hill et Ralf Schumacher occupent la tête sans pression. Elles bouclent sans histoire le dernier tiers de l'épreuve et offrent à Eddie Jordan la première victoire de son écurie ; mieux même, c'est un doublé !

1999 : Pas de consigne d'équipe chez McLaren

29 août 1999, circuit de Spa-Francorchamps (44 tours soit 307 km)
1. David Coulthard (McLaren-Mercedes) en 1 h 25 min 43,057 s
2. Mika Häkkinen (McLaren-Mercedes) à 10,469 s
3. Heinz-Harald Frentzen (Jordan-Mugen Honda) à 33,433 s

Michael Schumacher ne dispute pas le Grand Prix de Belgique 1999. Né non loin d'ici, dans la banlieue de Cologne, il y court pourtant presque à domicile et attire des hordes de supporters. Sauf que, le mois précédent, à Silverstone, il s'est brisé une jambe lors d'une sortie de piste.

Schumacher au repos forcé, Ferrari a aussitôt promu son dauphin, Eddie Irvine, au rôle de candidat au titre mondial. Et l'Irlandais, déjà auteur d'un brillant début de saison, endosse fort bien le costume. En arrivant à Spa, il occupe la tête du championnat, devançant de deux petits points le tenant du titre, Mika Häkkinen (McLaren). L'affaire se jouera entre eux.

Durant les essais, le Raidillon est le théâtre de deux sorties à grande vitesse quasiment identiques pour les deux pilotes de la jeune écurie BAR : Jacques Villeneuve et Ricardo Zonta. Ils sont indemnes — contrairement à leurs voitures — malgré la vitesse et l'impact.

La première ligne de la grille de départ est grise des McLaren-Mercedes d'Häkkinen et Coulthard qui ont dominé les essais. La deuxième est jaune des Jordan de H.-H. Frentzen et Damon Hill, talonnées par la Williams de Ralf Schumacher. Irvine n'a réussi que le sixième chrono, à une seconde et demie de la *pole*.

Le départ est chaud entre les équipiers McLaren ; mieux parti, Coulthard tasse sensiblement Häkkinen à l'intérieur de l'épingle de la Source. Ça frotte mais ça passe. Suivent Frentzen et déjà Irvine. Hill s'est loupé et pointe septième.

Le leader écossais creuse aisément un petit écart sur son équipier finlandais. Les autres voitures sont carrément décrochées, perdant en moyenne une seconde et demie à chaque tour.

Très peu de dépassements ponctuent le premier tiers de la course. Les ravitaillements ne bouleversent guère l'ordre en tête, si ce n'est pour les Williams de Ralf Schumacher et Alessandro Zanardi qui y laissent deux places, au profit de Damon Hill et Mika Salo (Ferrari).

Des défaillances mécaniques expédient dans les rangées de pneus Pedro Diniz (Sauber) et Johnny Herbert (Stewart), sans gravité.

Autour du trentième tour, les seconds passages par les stands permettent à Ralf Schumacher de revenir devant Hill et Salo.

Au passage sur la ligne d'arrivée, le quintette de tête est exactement le même qu'au premier tour : Coulthard, Häkkinen, Frentzen, Irvine et Schumacher.

Ron Dennis, patron de McLaren, n'a pas donné de consigne pour favoriser Häkkinen au championnat ; c'est risqué mais tout à son honneur. Le Finlandais est déçu ; s'il repart de Spa en devançant Irvine, ce n'est que d'un seul point.

Le suspense se prolongera jusqu'à l'ultime manche de la saison, au Japon où, pour deux points, Häkkinen conservera finalement son titre.

2000 : Un dépassement d'anthologie

17 août 2000, circuit de Spa-Francorchamps (44 tours soit 307 km)
1. Mika Häkkinen (McLaren-Mercedes) en 1 h 28 min 14,494 s
2. Michael Schumacher (Ferrari) à 1,104 s
3. Ralf Schumacher (Williams-BMW) à 38,096 s

Les années passent mais les principaux acteurs de la F1 changent peu. Qui sont les leaders du championnat avant Spa ? Mika Häkkinen (McLaren, 64 points) précède Michael Schumacher (Ferrari, 62 points), David Coulthard (McLaren, 58 points) et Rubens Barrichello (Ferrari, 49 points). Les autres sont sur une autre planète, fort lointaine.

Sur le *Toboggan des Ardennes*, il faut cependant souvent compter avec l'écurie Jordan. Elle y a notamment signé sa première *pole* en 1994 et sa première victoire en 1998. Cette année, c'est Jarno Trulli qui se distingue en hissant sa monoplace irlandaise en première ligne, aux côtés du *poleman* Mika Häkkinen. Trois autres pilotes sont dans la même seconde : Jenson Button (Williams), Michael Schumacher et David Coulthard.

Le plus déçu des qualifications est Barrichello, seulement dixième. Il est l'une des victimes du système limitant à douze tours les chronos qui déterminent la grille de départ ; une tentative gâchée par un drapeau jaune ou par un adversaire lent vous éloigne à coup sûr des meilleures places.

Pas moins de 83 000 spectateurs sont présents pour la course, malgré la pluie. Au moment du départ, la piste est détrempée. Afin d'éviter un carambolage au premier virage, les monoplaces s'élancent derrière la voiture de sécurité. Lorsque celle-ci s'efface, les positions de tête demeurent strictement inchangées.

Dès le quatrième tour, ça s'agite. Button veut dépasser Trulli mais il rate son freinage à la chicane de l'Arrêt de bus ; Michael Schumacher en profite pour s'infiltrer entre les deux voitures. Juste après, à la Source, la Ferrari ravit à la Jordan la deuxième place. La Williams veut suivre en s'infiltrant à l'intérieur ; c'est loupé, Button heurte une roue arrière de Trulli qui part en tête-à-queue et doit abandonner, moteur calé.

Premier concurrent à chausser les *slicks*, Jean Alesi (Prost) effectue une spectaculaire remontée jusqu'au quatrième rang, sur une piste qui s'assèche. Le peloton ne tarde pas à l'imiter.

Le 13e tour porte malheur à Häkkinen qui part tout seul en glissade sur l'herbe, sans rien toucher. Le temps qu'il revienne en piste et Michael Schumacher passe devant et compte jusqu'à 11 secondes d'avance. L'Allemand effectue à la mi-course un unique ravitaillement en essence. Le Finlandais retarde de cinq tours son arrêt, ce qui lui permet de repartir plus léger, d'économiser ses pneus et de compenser son retard.

Au 40e passage dans Kemmel, la meilleure vitesse de pointe de la McLaren lui permet d'attaquer la Ferrari, mais « Schumi » ferme sèchement la porte, comme il sait trop bien le faire ! Au tour suivant, dans cette même ligne droite, les deux hommes fondent sur un retardataire, Ricardo Zonta (BAR). Pendant que Schumacher le passe par la gauche, Häkkinen s'infiltre dans un trou de souris à droite et saute les deux voitures d'un coup. Pris entre deux feux, Zonta a également fait preuve de sang-froid pour ne pas dévier sa trajectoire.

Ce dépassement magistral, entré dans l'histoire du sport automobile, permet à Häkkinen de s'imposer et de prendre un peu d'air en tête du championnat. Schumacher finira néanmoins par être titré.

2001 : Faux départs et terrifiant accident

2 septembre 2001, circuit de Spa-Francorchamps (36 tours soit 251 km)

1. Michael Schumacher (Ferrari) en 1 h 08 min 05,002 s
2. David Coulthard (McLaren-Mercedes) à 10,098 s
3. Giancarlo Fisichella (Benetton-Renault) à 27,742 s

Une fois n'est pas coutume, le Grand Prix de Belgique 2001 n'aura aucune incidence sur le titre mondial des pilotes, pas plus que sur celui des constructeurs. Michael Schumacher et Ferrari ont été virtuellement couronnés à l'issue de la précédente course, à Budapest ; leur avance est telle qu'ils ne peuvent plus être rejoints par David Coulthard côté pilotes ni McLaren côté écuries, qui perdent du terrain depuis Monaco.

De nombreuses averses arrosent les essais libres, provoquant plusieurs sorties de piste, ainsi que le début des qualifications. Quand la piste s'assèche, durant les cinq dernières minutes de la séance, les Williams de Juan-Pablo Montoya et Ralf Schumacher sont les premières à monter les *slicks* ; elles en tirent le gain immédiat de la première ligne de la grille.

Alors que les feux rouges vont s'éteindre, Heinz-Harald Frentzen (Prost) agite les bras parce que son moteur a calé. La procédure de départ est interrompue et le pilote allemand relégué en fond de grille, alors qu'il aurait pu bénéficier de son excellent quatrième temps des essais. Quelques minutes plus tard, c'est le *poleman*, Montoya, qui stoppe de la même manière la deuxième procédure ; de la première ligne, il est renvoyé à la dernière !

Enfin, le véritable départ est donné. Les frères Schumacher s'élancent en tête et, dès la montée vers les Combes, Michael dépasse Ralf sans difficulté.

Lors du cinquième tour, Luciano Burti (Prost) fait l'intérieur à Eddie Irvine (Jaguar) dans l'ultrarapide virage de Blanchimont. Les deux monoplaces se frottent, la Prost en perd son aileron avant et ne peut plus tourner ; elle fonce droit sur les murs de pneus qui précèdent les barrières de sécurité. Elle s'y encastre à 240 km/h ! Le pilote subit un choc de 110 g. L'avant de son casque se brise. La course est arrêtée au drapeau rouge. À l'hôpital où Burti est transporté, on lui diagnostique une sévère commotion cérébrale, mais ses jours ne sont pas en danger.

Un nouveau tour de formation démarre et, cette fois, c'est la Williams de Ralf Schumacher qui reste juchée sur son cric ! Elle devra partir du fond de la grille, derrière les autres concurrents rangés dans l'ordre qu'ils occupaient lors du drapeau rouge. Ce départ est enfin le bon pour une course réduite à 36 tours, dont le classement ne tiendra compte que de la deuxième partie (précédemment, les temps réalisés avant et après drapeau rouge étaient additionnés).

Giancarlo Fisichella (Benetton) effectue un départ éclair qui le propulse juste derrière Michael Schumacher, intouchable. Seule en tête, la Ferrari effectue une course sans histoire, si ce n'est un incompréhensible passage sur l'herbe de Stavelot, sans autre conséquence qu'un coup de stress.

Le principal intérêt de la course réside dans le long duel, serré et parfaitement correct, opposant Fisichella et Coulthard pour la deuxième place ; l'Écossais finit par avoir le dessus.

En signant là sa 52e victoire, Michael Schumacher bat le record de succès en F1, jusqu'alors détenu par Alain Prost (51).

2002 : Schumacher roi de Francorchamps

1er septembre 2002, circuit de Spa-Francorchamps (44 tours soit 306 km)

1. Michael Schumacher (Ferrari) en 1 h 21 min 20,634 s
2. Rubens Barrichello (Ferrari) à 1,977 s
3. Juan-Pablo Montoya (Williams-BMW) à 18,445 s

Michael Schumacher est assuré d'un nouveau titre mondial des pilotes dès le Grand Prix de France et Ferrari de celui des constructeurs depuis la Hongrie. La *Scuderia* domine outrageusement la saison.

À Spa, ça sent le sapin pour l'équipe Arrows, absente du paddock et qu'on n'a plus vue en piste depuis Hockenheim. Tom Walkinshaw croit toujours qu'un repreneur sauvera l'écurie. Ce ne sera pas le cas.

En qualifications, Michael Schumacher domine et s'approprie un nouveau record de la piste en 1 min 43,726 s. Son équipier Rubens Barrichello est troisième, car Kimi Räikkönen a réussi à intercaler sa McLaren. Suivent les Williams de Ralf Schumacher et Juan-Pablo Montoya, puis David Coulthard (McLaren). Seuls ces six hommes tournent à peu de choses près dans la même seconde.

Dès le départ, Michael Schumacher impose en tête un rythme intenable. Il boucle le premier tour avec déjà 2,2 secondes d'avance sur son équipier. Au deuxième passage devant les stands, les deux Ferrari distancent leurs adversaires de plus de cinq secondes. Personne ne peut rivaliser avec les bolides rouges.

Handicapé par un souci de pression de pneus, Räikkönen ne résiste pas longtemps aux assauts de Montoya. Puis Coulthard le devance à son tour à l'issue de la première salve de ravitaillements.

Seul Giancarlo Fisichella (Jordan) anime un peu le classement avec ses hauts et ses bas, étant l'un des rares à avoir opté pour une stratégie à un seul *pit-stop*. Ce ne sera cependant pas payant.

Lors de la seconde série de ravitaillements, l'avance de Michael Schumacher est telle qu'il a le temps de s'arrêter et de repartir sans même être rattrapé par Barrichello.

Räikkönen et Fisichella abandonnent tous deux sur panne de moteur dans les dix derniers tours.

Sans surprise, Michael Schumacher s'impose. Il est ainsi le pilote le plus titré en Belgique, avec six victoires à Spa-Francorchamps, battant le précédent record de cinq succès que détenait Ayrton Senna.

« Schumi » devient également le premier pilote à remporter dix Grands Prix de Formule 1 en une seule saison. Il s'en offrira même un onzième au Japon.

2004 : Räikkönen rompt l'hégémonie italienne

29 août 2004, circuit de Spa-Francorchamps (44 tours soit 307 km)
1. Kimi Räikkönen (McLaren-Mercedes) en 1 h 32 min 35,274 s
2. Michael Schumacher (Ferrari) à 3,132 s
3. Rubens Barrichello (Ferrari) à 4,371 s

Au début du XXIe siècle, l'industrie cigarettière demeure une importante source de financement pour la F1. La Belgique ayant adopté une législation interdisant notamment la vente du tabac aux moins de 16 ans, la sanction « sportive » est tombée : pas de Grand Prix de Belgique en 2003 !

Passons donc directement à 2004 où — ce n'est pas très original — Michael Schumacher et Ferrari dominent encore et toujours le championnat. La *Scuderia* est d'ailleurs titrée depuis l'épreuve précédente, à Budapest. Et côté pilotes, ça ne saurait tarder puisque seul son équipier Rubens Barrichello, qui compte 38 points de retard, est théoriquement en mesure de battre le *Baron rouge*. Sachant que l'Allemand a gagné douze des treize premières courses, l'issue de la saison ne fait aucun doute.

L'intérêt sportif se reporte sur la bataille pour la deuxième place des constructeurs qui fait rage entre BAR-Honda et Renault. Dans l'exercice des qualifications à Spa, la firme française prend un avantage évident en plaçant ses pilotes Jarno Trulli et Fernando Alonso aux premières et troisièmes places sur la grille. Entre eux s'intercale Michael Schumacher, qui rate la *pole* pour seulement sept centièmes de seconde. Derrière, le gouffre est immense avec le quatrième chrono de David Coulthard (McLaren) à plus de 1,7 s. Les BAR de Jenson Button (12e) et Takuma Satō (15e) sont larguées.

Schumacher rate son départ ; il n'est que quatrième au sortir de la Source, derrière Trulli, Alonso et Coulthard. Dans l'épingle, un contact entre Barrichello et Mark Webber (Jaguar) contraint le Brésilien à un passage aux stands d'où il ressort bon dernier. Dans le Raidillon, un accident implique le même Webber et Satō dont les monoplaces tourbillonnent devant le peloton et entraînent d'autres accrochages en cascade. Quatre voitures sont hors course et le *safety-car* entre déjà en piste.

Lorsque la course reprend son rythme, Schumacher perd deux places supplémentaires, dépassé par Kimi Räikkönen (McLaren) et Juan-Pablo Montoya (Williams). Les deux Renault devancent ainsi les deux McLaren. Trulli ravitaille dès le 10e tour, cédant le commandement à Alonso. Peu après, l'Espagnol est victime d'une fuite d'huile qui graisse ses pneus arrière et occasionne deux tête-à-queue ; le second s'achève définitivement dans les graviers.

Voici Räikkönen en tête mais sans Coulthard, rétrogradé par une crevaison. Après les ravitaillements du premier tiers de l'épreuve, le Finlandais précède Schumacher et un surprenant Antonio Pizzonia (Williams) qui devance son équipier Montoya, auteur d'une tentative de dépassement ratée qui a expédié Trulli en tête-à-queue.

L'éclatement d'un pneu sur la BAR de Button provoque un accrochage avec la Minardi de Zslot Baumgartner et une deuxième intervention de la voiture de sécurité. Au ralenti, Pizzonia est trahi par sa boîte de vitesses. Peu après, son équipier Montoya abandonne également, encore à cause d'une crevaison. Barrichello, revenu des tréfonds du classement, hérite alors de la troisième place.

Une troisième et dernière intervention du *safety-car* pour évacuer des débris ne change rien au trio de tête. Räikkönen signe là son unique victoire de la saison et Michael Schumacher, grâce à sa deuxième place, est champion du monde pour la septième fois.

2005 : Räikkönen domine, Alonso assure

11 septembre 2005, circuit de Spa-Francorchamps (44 tours soit 307 km)

1. Kimi Räikkönen (McLaren-Mercedes) en 1 h 30 min 01,295 s
2. Fernando Alonso (Renault) à 28,394 s
3. Jenson Button (BAR-Honda) à 32,077 s

C'en est fini de la domination du *Baron rouge* sur la F1. Les favoris de 2005 pilotent pour Renault, qui a survolé le début de saison, et pour McLaren, qui se fait menaçant au championnat. Incroyable mais vrai, Michael Schumacher n'a imposé sa Ferrari que dans un seul grand prix, la parodie de course disputée à Indianapolis par six monoplaces !

Cinq pilotes sont groupés en moins de quatre dixièmes de seconde, lors des qualifications. Pour un dixième, les McLaren de Juan-Pablo Montoya et Kimi Räikkönen occupent la première ligne. Puis, entre les Renault de Giancarlo Fisichella et Fernando Alonso, s'intercale la Toyota de Jarno Trulli. Le reste de la grille est à plus d'une seconde... voire beaucoup plus — cinq secondes — pour les Jordan qui vivent leur ultime saison.

Une pénalité de dix places pour changement de moteur vient néanmoins ruiner les efforts de Fisichella, ainsi relégué au treizième rang au départ.

Lancés sans encombre, les bolides de tête conservent leurs positions durant dix tours : Montoya devance Räikkönen, Trulli, Alonso, Michael Schumacher et Takuma Satō (BAR).

Au passage suivant, la remontée de Fisichella s'achève dans le mur de pneus du Raidillon, ce qui entraîne une neutralisation de course par la voiture de sécurité. Une fois l'épreuve relancée, Satō rate son freinage à la Source et percute Michael Schumacher par l'arrière, provoquant l'abandon des deux concurrents.

À partir de la mi-course, les McLaren sont seules au monde. Räikkönen revient progressivement sur les talons de Montoya. Il n'a pas besoin de tenter de manœuvre de dépassement, le *timing* des ravitaillements lui offre deux tours particulièrement rapides qui font la différence à la sortie des stands. Alonso suit en solitaire.

En fin d'épreuve, Jenson Button (BAR) se défait de Rubens Barrichello (Ferrari) pour s'offrir un podium car la malchance frappe Montoya, harponné par Antonio Pizzonia (Williams) qui compte un tour de retard.

Räikkönen savoure son sixième succès de la saison, soit autant qu'Alonso, deuxième à Spa. L'Espagnol sera néanmoins sacré dès le grand prix suivant.

On l'ignore encore, mais l'équipe BAR célèbre ici son dernier podium ; à l'intersaison, elle sera vendue à Honda. De même, le point de la huitième place offert à Jordan par Tiago Monteiro est le chant du cygne de l'écurie irlandaise, rachetée et rebaptisée Midland en 2006.

2007 : Ferrari lave son honneur

16 septembre 2007, circuit de Spa-Francorchamps (44 tours soit 308 km)

1. Kimi Räikkönen (Ferrari) en 1 h 20 min 39,066 s
2. Felipe Massa (Ferrari) à 4,695 s
3. Fernando Alonso (McLaren-Mercedes) à 14,343 s

Le Grand Prix de Belgique 2006 n'a pas eu lieu, officiellement pour permettre la réalisation de travaux sur le circuit de Spa-Francorchamps, mais la faillite du promoteur des précédentes éditions n'a certainement pas plaidé pour son maintien au calendrier.

Après deux championnats remportés par Fernando Alonso sur Renault, la saison 2006 est marquée par le retour aux avant-postes des McLaren-Mercedes. Elles sont pilotées par ce même Alonso et un jeune Britannique qui a débuté la F1 à Melbourne : Lewis Hamilton. Déjà fort de trois victoires avant de découvrir Spa, ce petit prodige pointe en tête du championnat avec trois points d'avance sur son équipier espagnol. Les consignes de course, ce n'est visiblement pas la tasse de thé de Ron Dennis, patron de McLaren.

L'écurie anglaise est portant totalement absente du classement des constructeurs ! Trois jours avant le Grand Prix de Belgique, le Conseil Mondial reconnaît McLaren coupable d'espionnage au détriment de Ferrari, l'exclut du championnat et lui inflige une amende record de 100 millions de dollars. L'affaire fait grand bruit, notamment parce qu'Alonso a témoigné contre son employeur.

Hasard ou pas, Ferrari retrouve une parfaite compétitivité lors des qualifications en s'octroyant la première ligne : Kimi Räikkönen devance d'un souffle son équipier Felipe Massa. Les McLaren d'Alonso et Hamilton suivent dans la même demi-seconde.

Le samedi s'achève sur une terrible nouvelle pour les fans de sport automobile : le champion du monde des rallyes 1995 Colin McRae vient de trouver la mort dans le crash de son hélicoptère.

Dimanche, sous un soleil radieux, le départ ne bouleverse pas l'ordre des essais. Tout juste relève-t-on une chaude explication entre les deux McLaren, l'insistance d'Alonso forçant Hamilton à virer au plus large. Le cinquième rang est occupé par la Williams de Nico Rosberg, fils du champion 1982.

Les écarts se creusent rapidement. Räikkönen prend le large devant Massa, détaché devant Alonso, lui-même distançant d'Hamilton.

Les deux salves de ravitaillements ne changent rien au quatuor de tête. On entre dans l'ère où la fiabilité des monoplaces est moins aléatoire qu'au XXe siècle ; il faut moins compter sur les abandons pour pimenter une épreuve.

Dès la mi-course, la cinquième place échoit définitivement à Nick Heidfeld (BMW Sauber) qui devance Rosberg. La ronde se poursuit sans changement jusqu'à la ligne d'arrivée.

Ce troisième doublé Ferrari de la saison permet à Räikkönen de maintenir une certaine pression sur les pilotes McLaren. Le moindre point s'avérera précieux en fin de saison, puisque le Finlandais s'imposera sur le fil avec un total de 110 points, contre Alonso et Hamilton ex æquo avec 109 points !

2008 : Hamilton pénalisé, Massa à 100 %

7 septembre 2008, circuit de Spa-Francorchamps (44 tours soit 308 km)

1. Felipe Massa (Ferrari) en 1 h 22 min 59,394 s
2. Nick Heidfeld (BMW Sauber) à 9,383 s
3. Lewis Hamilton (McLaren-Mercedes) à 10,539 s

Les premiers acteurs de la F1 de 2008 sont quasiment les mêmes que lors de la saison précédente, excepté le remplacement chez McLaren de Fernando Alonso — retourné chez Renault — par le jeune Finlandais Heikki Kovalainen.

Au championnat, Lewis Hamilton (McLaren) se présente à Spa avec quelques points d'avance sur Felipe Massa (Ferrari), lui-même à quelques longueurs devant son équipier et tenant du titre Kimi Räikkönen. Le Brésilien totalise déjà quatre victoires cette année, contre deux au Finlandais, si bien que la *Scuderia* est de plus en plus tentée d'en faire son pilote numéro 1 dans la course au titre.

Lors des qualifications, les deux leaders du championnat se positionnent en première ligne. Hamilton et Massa sont suivis, dans la même seconde que la *pole*, par Kovalainen, Räikkönen et Nick Heidfeld (BMW Sauber).

S'il a plu le matin de la course, tout le monde prend le départ en pneus tendres pour le sec, à l'exception de Nelsinho Piquet (Renault) ; le fils du triple champion des années 1980 parie sur des gommes plus dures, adaptées à un retour de la pluie.

Sur une piste légèrement humide, Hamilton prend le meilleur envol devant les Ferrari. Dès la montée de Kemmel, Räikkönen passe son équipier Massa. En attaquant le deuxième tour, la McLaren du leader amorce un tête-à-queue à la Source mais parvient à se relancer sans être dépassée. Toutefois, tapi derrière l'aileron d'Hamilton, Räikkönen se laisse aspirer et, encore dans Kemmel, passe son adversaire pour s'emparer de la première place.

Les deux vagues de ravitaillements ne modifient que temporairement le classement car, à l'approche de l'arrivée, l'ordre des cinq premiers est le même qu'au deuxième tour : Räikkönen, Hamilton, Massa, Alonso et Sébastien Bourdais (Toro Rosso). Toutefois, les écarts se modifient car, mieux chaussée, la McLaren revient dans le sillage de la Ferrari de tête.

La surprise survient à six tours de la fin : c'est la pluie qui s'invite ! En tentant de passer Räikkönen sur une piste qui se détrempe, Hamilton rate son freinage et court-circuite une partie de la chicane de l'Arrêt de bus. Il rend devant les stands la position indûment gagnée, mais c'est pour mieux repasser devant dès la Source !

Les leaders sont trop près de l'arrivée pour changer de pneus, si bien qu'ils enchaînent les figures de patinage plus ou moins maîtrisées : virages coupés, tête-à-queue, contacts… Principale victime, Räikkönen sort et percute un mur à deux tours du but. Tant bien que mal, Hamilton et Massa rallient l'arrivée. Heidfeld réussit le pari de passer en pneus pluie : neuvième à deux tours de la fin, il termine troisième en dépassant la plupart des voitures en *slicks*.

Seconde surprise : après la cérémonie du podium, les commissaires infligent à Hamilton une sévère pénalité de 25 secondes pour avoir coupé la chicane, ce qui le rétrograde à la troisième place et offre la victoire sur tapis vert à Felipe Massa.

Le Brésilien disputait à Spa son 100e Grand Prix de F1. Au championnat, il revient à deux points de son rival.

2009 : Ferrari vainc le signe indien

30 août 2009, circuit de Spa-Francorchamps (44 tours soit 308 km)
1. Kimi Räikkönen (Ferrari) en 1 h 23 min 50,995 s
2. Giancarlo Fisichella (Force India-Mercedes) à 0,939 s
3. Sebastian Vettel (Red Bull-Renault) à 3,875 s

Le grand gagnant de la saison 2009 est Ross Brawn. Dès les premiers grands prix, tout le paddock comprend que l'ingénieur a raflé le *jack pot* en achetant, durant l'hiver, l'écurie Honda qui ne trouvait aucun repreneur. Le constructeur nippon se retirait soudainement, laissant en cadeau les plans bien avancés d'une prometteuse monoplace. La voiture effectuait ses premiers tours de roue trois semaines avant le coup d'envoi de la saison… et remportait les sept premiers grands prix de l'année, aux mains de Jenson Button et Rubens Barrichello.

Quand la F1 pose ses valises en Belgique, personne ne doute que les titres pilote et constructeur couronneront respectivement Button et Brawn GP, qui jouissent d'une confortable avance. Un petit passage à vide des monoplaces blanches au début de l'été a été effacé par le succès de Barrichello à Valence, une semaine avant Spa.

Les qualifications indiquent pourtant que des surprises sont toujours possibles. C'est le cas, en effet, dès la première des trois séances éliminatoires : la Ferrari de Luca Badoer, qui remplace Felipe Massa blessé à Budapest, signe le plus mauvais chrono et partira dernière ! La deuxième séance, elle, laisse sur la touche les champions Lewis Hamilton (McLaren) et Fernando Alonso (Renault) ainsi que le Button, relégués aux douzième, treizième et quatorzième places. Surprise encore lors du troisième *round* : Giancarlo Fisichella signe l'unique *pole position* jamais réalisée par une Force India, devant la Toyota de Jarno Trulli.

Lorsque le départ est donné, Barrichello perd tout le bénéfice de son quatrième chrono : il manque de caler son moteur et se fait passer par une bonne dizaine de voitures. À part quelques frottements de roues ou d'ailerons, l'épingle de la Source est globalement bien négociée. C'est au premier freinage des Combes que tout se gâte : Romain Grosjean (Renault) percute Button par l'arrière et tous deux abandonnent. Hamilton freine pour les éviter mais se fait emboutir par Jaime Alguersuari (Toro Rosso) ; ils n'iront pas plus loin, eux non plus.

La voiture de sécurité entre en piste le temps d'évacuer les quatre monoplaces. Lorsqu'elle s'efface, Räikkönen attaque Fisichella dès la sortie du Raidillon et s'installe en tête avant les Combes. Suivent à distance Robert Kubica (BMW Sauber), Timo Glock (Toyota), Mark Webber (Red Bull), Nick Heidfeld (BMW Sauber) et Sebastian Vettel (Red Bull).

Les premiers ravitaillements permettent à Fisichella de revenir à moins d'une seconde de Räikkönen. Alonso pointe troisième à la mi-course car il a opté pour une stratégie à un seul arrêt, mais un problème de roue le contraint à l'abandon.

Peu avant la seconde série de passages par les stands, Vettel poursuit sa patiente remontée et ravit la troisième place à Kubica. Les huit derniers tours ne voient plus s'opérer le moindre dépassement.

Vainqueur de quatre des cinq dernières éditions du Grand Prix de Belgique, Kimi Räikkönen offre surtout à Ferrari son unique succès de la saison 2009. Remarqué pour sa *pole* et sa deuxième place, Fisichella sera aussitôt recruté par la *Scuderia* pour finir l'année à la place de Badoer, hélas sans plus de succès, avant de quitter la F1.

2010 : Lewis Hamilton passe entre les gouttes

29 août 2010, circuit de Spa-Francorchamps (44 tours soit 308 km)
1. Lewis Hamilton (McLaren-Mercedes) en 1 h 29 min 04,268 s
2. Mark Webber (Red Bull-Renault) à 1,571 s
3. Robert Kubica (Renault) à 3,493 s

Un nouveau système d'attribution de points est entré en vigueur pour la saison 2010, offrant pas moins de 25 points au vainqueur d'une course, selon un barème dégressif jusqu'au pilote classé dixième. On comprend alors que l'écart est faible entre les cinq premiers classés à la veille de Spa : Mark Webber (Red Bull, 161 points), Lewis Hamilton (McLaren, 157 points), Sebastian Vettel (Red Bull, 151 points), Jenson Button (McLaren, 147 points), Fernando Alonso (Ferrari, 141 points).

L'autre nouveauté de l'année, c'est le retour de Mercedes ; la firme allemande a racheté l'équipe Brawn GP, qui n'aura donc vécu que le temps de remporter une saison de F1 ! L'étoile de Stuttgart ne veut plus se satisfaire de fournir des moteurs aux autres écuries, mais faire briller à nouveau les *flèches d'argent*. Pour cela, elle a tiré de sa retraite le septuple champion Michael Schumacher, qui n'avait plus couru depuis 2006, associé à Nico Rosberg.

Lors des qualifications, où alternent pluie et éclaircies, pas moins de huit pilotes se tiennent en moins d'une seconde. Les deux leaders du championnat, Webber et Hamilton, occupent la première ligne.

À l'extinction des feux de départ, Webber rate complètement son envol est passe sixième à la Source. En tête, Hamilton est talonné par Robert Kubica (Renault), Button, Vettel et Felipe Massa (Ferrari). Avant la fin du premier tour, quelques gouttes de pluie font leur apparition et surprennent tout le monde au freinage de l'Arrêt de bus ; tous les hommes de tête virent large, au-delà des limites de la piste. Derrière, Rubens Barrichello (Williams) percute Alonso ; le Brésilien abandonne, l'Espagnol doit passer par les stands.

Au deuxième passage dans le Raidillon, Kubica sort encore trop large. Lorsqu'il revient sur la piste, il force Vettel à mettre deux roues dans l'herbe humide, à pleine vitesse. L'Allemand en est quitte pour une frayeur et un geste de colère.

L'ordre se stabilise jusqu'au tiers de la course, Hamilton prenant le large tandis que son équipier Button précède le reste de la troupe. Vettel sent la deuxième place à sa portée ; il s'écarte pour dépasser la McLaren, mais sa monoplace lui échappe, il percute violemment son adversaire et le condamne à l'abandon. Lui-même s'arrête pour réparer, subit une pénalité et finit dans les profondeurs du classement.

Derrière l'intouchable Hamilton suivent Kubica, Webber, Massa, Adrian Sutil (Force India) et les deux Mercedes.

La pluie revient, plus abondante, dans le dernier quart de la course. Le leader lui-même se fait piéger, sortant dans les graviers jusqu'à lécher le mur de pneus, mais son avance est telle qu'il peut regagner la piste sans dommages et poursuivre son chemin vers la victoire.

En stoppant pour changer de pneus, Kubica bouscule ses mécaniciens et perd de précieuses secondes qui offrent la deuxième place à Webber. Alonso, huitième, part à la faute. Sa voiture accidentée s'immobilise au milieu de la piste, occasionnant une seconde intervention du *safety-car*.

En s'imposant à Spa, Hamilton reprend à Webber la tête du championnat, pour trois petits points. Mais tous deux seront dépassés par Vettel et Alonso en fin de saison.

2011 : Le patron s'appelle Sebastian Vettel

28 août 2011, circuit de Spa-Francorchamps (44 tours soit 308 km)
1. Sebastian Vettel (Red Bull-Renault) en 1 h 26 min 44,893 s
2. Mark Webber (Red Bull-Renault) à 3,741 s
3. Jenson Button (McLaren-Mercedes) à 9,669 s

Dix-sept années se sont écoulées depuis la participation de Philippe Adams et Bertrand Gachot au Grand Prix de Belgique 1994. Depuis, ce fut une longue traversée du désert, sans le moindre pilote belge à l'horizon de Francorchamps. Enfin, le mauvais sort est vaincu grâce à l'engagement de Jérôme d'Ambrosio par l'écurie Virgin. Certes, la monoplace n'affiche que de très modestes performances, en fond de classement, mais c'est toujours mieux que rien.

Au plan sportif, l'épreuve de Spa ne risque plus de bouleverser un championnat outrageusement dominé par Sebastian Vettel (Red Bull), assurément parti pour remporter un second titre consécutif. Il compte déjà près d'une centaine de points d'avance sur un quatuor serré composé de Mark Webber (Red Bull), Lewis Hamilton (McLaren), Fernando Alonso (Ferrari) et Jenson Button (McLaren).

L'Association des pilotes de grands prix demande et obtient que l'utilisation du *DRS*, qui réduit temporairement l'appui de l'aileron arrière pour augmenter la vitesse de pointe, ne soit pas autorisée dans le secteur de l'Eau rouge et du Raidillon, où une perte d'adhérence aurait de dangereuses conséquences à 270 km/h.

Le paddock bruisse de rumeurs de procès car Renault a débarqué Nick Heidfeld pour le remplacer par Bruno Senna. Le neveu d'Ayrton s'en montre digne en signant le septième chrono des qualifications. La séance sourit nettement moins à Michael Schumacher (Mercedes) qui perd une roue et s'abîme contre un mur ; pour son vingtième anniversaire en F1, il sera dernier sur la grille de départ. La *pole* revient — comme toujours ou presque, cette saison — à Vettel, qui devance Hamilton de quatre dixièmes et Webber de plus d'une seconde.

À l'extinction des feux, Vettel vire en tête à la Source, suivi de Nico Rosberg (Mercedes) surgi de la troisième ligne. La *flèche d'argent* passe devant dès les Combes. Au même endroit, deux tours plus tard, Vettel reprend son bien, pressé de creuser l'écart car il devra prématurément remplacer ses pneus abîmés lors des essais.

Dès le sixième tour, des changements de gommes permettent à Rosberg, Alonso puis Hamilton d'occuper brièvement le commandement. Quand le pilote McLaren reprend la piste, il ne tarde pas à dépasser Kamui Kobayashi (Sauber), mais ce dernier résiste et revient dans la montée vers les Combes ; Hamilton le touche en voulant reprendre sa trajectoire et est expédié dans le mur. La voiture de sécurité neutralise la course le temps d'évacuer la McLaren et plusieurs pilotes changent encore de pneus.

À la reprise, Alonso ne reste pas longtemps leader, passé par Vettel qui prend définitivement le large. L'affaire est entendue, malgré le dépassement de Webber sur Alonso et la remontée de Button, en pneus tendres, qui gagne une dizaine de places en trente tours et termine même devant la Ferrari.

Vettel s'impose pour la première fois à Spa et pour la septième fois cette saison. Jérôme d'Ambrosio termine à la dix-septième place l'unique Grand Prix de Belgique de sa carrière.

2012 : Grosjean cogne devant

2 septembre 2012, circuit de Spa-Francorchamps (44 tours soit 308 km)

1. Jenson Button (McLaren-Mercedes) en 1 h 29 min 08,530 s
2. Sebastian Vettel (Red Bull-Renault) à 13,624 s
3. Kimi Räikkönen (Lotus-Renault) à 25,334 s

Fernando Alonso a tous les atouts en main pour espérer ramener le titre mondial chez Ferrari. Avant l'étape belge, il compte quarante points d'avance sur son plus proche poursuivant, Mark Webber (Red Bull), lui-même talonné par Sebastian Vettel (Red Bull), Lewis Hamilton (McLaren) et Kimi Räikkönen (Lotus).

Avant même le début des qualifications, Webber et Nico Rosberg (Mercedes) sont pénalisés de cinq places sur la grille pour avoir changé de boîte de vitesses plus tôt que prévu dans la saison. Durant la séance, c'est Pastor Maldonado (Williams) qui écope d'une pénalité de trois places pour avoir gêné Nico Hülkenberg (Force India) dans son tour rapide. La surprise de la deuxième des trois sessions provient des éliminations de Vettel, Michael Schumacher (Mercedes) et Felipe Massa (Ferrari). Pour finir, Jenson Button (McLaren) s'octroie la *pole position* devant un étonnant Kamui Kobayashi (Sauber) qui s'élancera de la première ligne pour la seule fois de sa carrière en F1.

Le départ voit Maldonado surgir si rapidement qu'on se demande s'il n'a pas volé le départ. Il va virer troisième à la Source, derrière Button et Räikkönen, quand survient un accident dont on se souviendra longtemps. Romain Grosjean (Renault) tasse si étroitement Hamilton contre le muret des stands que leurs roues finissent par s'accrocher. C'est « Panique à OK Corral » ! Les monoplaces se percutent en chaîne, volent les unes au-dessus des autres, perdent des ailerons et des roues partout sur la piste. En quelques mètres, Grosjean a éliminé — outre lui-même — Alonso, Hamilton et Sergio Pérez (Sauber). Expédié en tête-à-queue, Maldonado n'a pas profité de son étonnant départ ; il doit réparer aux stands, tout comme Kobayashi. Pour cette énorme et dangereuse boulette, Grosjean écopera d'un grand prix de suspension.

La voiture de sécurité entre évidemment en piste, le temps de balayer tous les débris. Lorsqu'elle s'efface, Button commence à creuser l'écart rapidement sur Hülkenberg, Räikkönen et Schumacher. Au sein du peloton, Vettel entreprend une remontée méthodique.

Derrière l'intouchable McLaren, les stratégies de passage aux stands font la différence. Hülkenberg et Räikkönen optent pour deux arrêts, tandis que Schumacher et Vettel misent sur un seul. Si le pilote Red Bull en tire profit pour accéder à la deuxième place, celui de Mercedes voit son train de pneus se dégrader plus que prévu, au point de devoir improviser un second arrêt à dix tours du but. Schumacher perd ainsi sa troisième place, au profit de Räikkönen.

Button signe son unique succès à Spa. Vettel fait la bonne opération en comblant une partie de son retard sur Alonso. En fin de saison, l'Espagnol pourra maudire Grosjean car trois points seulement le sépareront de Vettel pour être titré ; une huitième place en Belgique aurait suffi…

2013 : Sebastian Vettel n'a plus de rival

25 août 2013, circuit de Spa-Francorchamps (44 tours soit 308 km)
1. Sebastian Vettel (Red Bull-Renault) en 1 h 23 min 42,196 s
2. Fernando Alonso (Ferrari) à 16,869 s
3. Lewis Hamilton (Mercedes) à 27,734 s

Bien qu'il n'y ait pas de pilote belge engagé à Spa en 2013, on suit avec une tendresse toute particulière le jeune Jules Bianchi qui pilote chez Marussia. S'il est français, comme son grand-père Mauro, il est aussi lié à la Belgique via le souvenir de son grand-oncle Lucien.

Au championnat, Sebastian Vettel (Red Bull) se présente dans une position favorable, mais le retard ne paraît pas insurmontable pour Kimi Räikkönen (Lotus), Fernando Alonso (Ferrari) et Lewis Hamilton (Mercedes) qui suivent groupés.

Durant les qualifications, une météo très changeante permet à Paul di Resta (Force India) de tenir le meilleur temps au moment où la pluie recommence à tomber ; confiant, il sort de sa monoplace. Toutefois, dans les ultimes minutes de la séance, la piste qui s'assèche à nouveau permet à quatre pilotes de le devancer. C'est ainsi qu'Hamilton signe sa quatrième *pole position* consécutive, suivi comme son ombre par Vettel. Les Ferrari de Fernando Alonso et Felipe Massa loupent l'éclaircie et devront s'élancer respectivement neuvième et dixième.

Les monoplaces sont sur la grille lorsque le circuit est survolé par des activistes de Greenpeace en parapente. Sur la grande tribune, ils parviennent à déployer une banderole dénonçant l'exploitation pétrolière en Arctique. Ils en accrocheront une plus petite devant le podium, à la fin de la course.

Sur la piste, le départ ne donne lieu à aucun incident. Hamilton conserve l'avantage de sa *pole*… jusqu'à la montée de Kemmel où Vettel le dépasse imparablement. Après quoi, la Red Bull prend le large pour ne plus jamais être inquiétée.

Alonso a également pris un bel envol puisqu'il pointe à la cinquième place dès la fin du premier tour. En une dizaine de boucles, il passe méthodiquement Jenson Button (McLaren), Nico Rosberg (Mercedes) puis Lewis Hamilton, pour s'installer au deuxième rang.

Au 25e tour, quand Räikkönen attaque Massa à l'Arrêt de bus, les freins de la Lotus cèdent et le Finlandais traverse sans heurt la zone de dégagement avant de rentrer à son stand pour abandonner. Il stoppe ainsi une série de 27 grands prix terminés dans les points, record que seul Hamilton battra dans les années suivantes.

Peu après, au sein d'un groupe serré, Esteban Gutierrez (Sauber) se présente du mauvais côté de la piste alors qu'il veut passer par les stands ; il coupe la route à ses adversaires, provoquant une touchette avec Pastor Maldonado (Williams) et la destruction de la monoplace de Di Resta ! Le Mexicain pourra repartir après réparations et sera sanctionné d'un *stop and go*.

Le reste de la course est sans histoire. En gagnant à Spa, Vettel débute une impressionnante série de neuf victoires consécutives, ne laissant plus aucun de ses adversaires s'imposer jusqu'à la fin de cette saison qui le verra couronné d'un quatrième titre mondial d'affilée.

2014 : Ricciardo échappe à tous les ennuis

24 août 2014, circuit de Spa-Francorchamps (44 tours soit 308 km)
1. Daniel Ricciardo (Red Bull-Renault) en 1 h 24 min 36,556 s
2. Nico Rosberg (Mercedes) à 3,383 s
3. Valtteri Bottas (Williams-Mercedes) à 28,032 s

Quand les équipes de F1 s'installent dans le paddock de Spa, l'issue du championnat ne fait aucun doute : un pilote Mercedes sera titré. Reste à savoir qui de Nico Rosberg ou de Lewis Hamilton récoltera les lauriers. L'avance de l'Allemand n'est que de 11 points, trop peu pour en déduire un quelconque avantage à huit courses du but.

Une pluie diluvienne accompagnée de grêle noie le circuit un quart d'heure avant la séance de qualifications. Sur une piste à l'adhérence changeante, les deux Mercedes surnagent et « collent » plus de deux secondes à leurs plus proches poursuivants. Les *flèches d'argent* sont seules à tourner à plus de 200 km/h de moyenne. Rosberg signe sa quatrième *pole* consécutive, deux dixièmes devant Hamilton.

Le Britannique prend sa revanche dès le départ en virant en tête à la Source. Rosberg n'est que troisième, car Sebastian Vettel (Red Bull) lui a également grillé la politesse et veut ensuite attaquer la Mercedes de tête aux Combes ; mais, ratant son freinage, le champion sortant… sort brièvement de la piste et retombe au troisième rang.

Au même endroit, au tour suivant, c'est Rosberg qui tente de passer Hamilton. Las, il ne réussit qu'à perdre un bout de son aileron avant contre la roue arrière du leader… qui regagne son stand au ralenti avec un pneu en lambeaux. Le Britannique repart avant-dernier.

Ayant perdu de l'appui aérodynamique, Rosberg ne parvient pas à creuser l'écart sur les Red Bull de Sebastian Vettel et Daniel Ricciardo, elles-mêmes suivies par les Ferrari de Fernando Alonso et Kimi Räikkönen, entre lesquelles s'est insérée la Williams de Valtteri Bottas.

La première salve de ravitaillements rebat les cartes. Au tiers de la course, Ricciardo mène devant Räikkönen, Vettel, Rosberg et Bottas. Alonso rétrograde en raison d'un *stop and go* de cinq secondes infligé pour avoir remonté tout le peloton durant le tour de formation. La voiture de Vettel a une tenue de route aléatoire qui ne lui permet pas de se battre en tête. Rosberg fait un « plat » sur un pneu, qui engendre de fortes vibrations et le contraint à baisser son rythme. En queue de peloton, Hamilton ne peut remonter car sa monoplace a souffert de boucler son deuxième tour sur trois roues. En somme, ceux qui mènent la danse sont les pilotes parvenus à passer au travers de ces ennuis divers et variés.

À dix tours de l'arrivée, constatant que la voiture de Rosberg ne lui permet pas de revenir sur Ricciardo, Mercedes tente un coup de poker : un troisième changement de pneus. Cette stratégie échoue ; il a manqué quelques tours à l'Allemand pour revenir sur l'Australien qui gagne la troisième course de sa carrière en F1.

Au championnat, la petite marge prise par Rosberg fondra comme neige au soleil face aux victoires qu'enchaînera Hamilton dans les cinq grands prix suivants. Le Britannique décrochera son deuxième titre mondial, l'Allemand devra attendre.

2015 : Un doublé de plus pour Mercedes

23 août 2015, circuit de Spa-Francorchamps (43 tours soit 301 km)
1. Lewis Hamilton (Mercedes) en 1 h 23 min 40,387 s
2. Nico Rosberg (Mercedes) à 2,058 s
3. Romain Grosjean (Lotus-Mercedes) à 37,988 s

Le champion sortant, Lewis Hamilton (Mercedes), arrive à Spa en occupant la tête du classement depuis le début de la saison 2015. Il n'est cependant pas à l'abri d'une remontée de son équipier Nico Rosberg ni de Sebastian Vettel, passé chez Ferrari, qui comptent respectivement une vingtaine et une quarantaine de points de retard. Ces trois-là se sont retrouvés ensemble sur le podium à six reprises lors des dix premières courses de l'année ; c'est dire leur domination.

Durant les essais libres, Rosberg est victime de l'éclatement d'un pneu à haute vitesse à Blanchimont ; miraculeusement, sa voiture sort de la piste sans rien heurter. Nullement traumatisé, il signe le deuxième temps des qualifications, derrière Hamilton, laissant le reste de la troupe à une bonne seconde.

En revanche, pour leur 900e grand prix, les Ferrari ne sont pas à la fête : Vettel partira huitième et Kimi Räikkönen, trahi par son moteur, seizième. C'est pire encore pour les McLaren, dont le moteur Honda déçoit beaucoup depuis le début de saison ; le changement de nombreux éléments mécaniques vaut à Jenson Button et Fernando Alonso, relégués en dernière ligne, un cumul théorique de 105 places de pénalité !

En panne au moment de former la grille de départ, la Force India de Nico Hülkenberg doit être évacuée par les commissaires, ce qui occasionne un second tour de formation et un raccourcissement d'autant de la course.

Hamilton est le premier à négocier l'épingle de la Source, suivi par Sergio Pérez (Force India), Daniel Ricciardo (Red Bull) et Valtteri Bottas (Williams). Rosberg a raté son envol et pointe au cinquième rang.

En abordant le deuxième tour, Bottas est dépassé coup sur coup par Rosberg et Vettel. Le Finlandais ne cessera de sombrer dans le classement, retardé en outre par un cafouillage de son équipe qui lui monte trois pneus tendres et un dur !

Ces premiers passages par les stands permettent à Rosberg de grimper à la deuxième place, devant Pérez et Ricciardo. Ce dernier ne va pas au-delà de la mi-course, car sa voiture le lâche à la sortie de l'Arrêt de bus ; cette fâcheuse position justifie la sortie de la voiture de sécurité, le temps d'évacuer la Red Bull.

Les vingt tours suivants sont marqués par la remontée de Romain Grosjean (Lotus) qui, après être venu à bout de Pérez, met la pression du Vettel pour le gain de la troisième place. A deux tours de l'arrivée, c'est l'éclatement d'un pneu de la Ferrari qui écourte cette bataille et offre au Français son unique podium de la saison, qui sera également le dernier de sa carrière en F1.

Hamilton et Rosberg offrent à Mercedes son septième doublé de l'année. Ils en signeront cinq de plus durant la suite du championnat.

2016 : Nico Rosberg gagne... et puis s'en va

28 août 2016, circuit de Spa-Francorchamps (44 tours soit 308 km)
1. Nico Rosberg (Mercedes) en 1 h 44 min 51,058 s
2. Daniel Ricciardo (Red Bull-TAG Heuer) à 14,113 s
3. Lewis Hamilton (Mercedes) à 27,634 s

Les *flèches d'argent* sont toujours aussi affûtées. Nico Rosberg a entamé la saison par une série de quatre succès consécutifs avant de céder le pas et de voir Lewis Hamilton refaire peu à peu son retard. De ce fait, le champion britannique arrive à Spa en leader du championnat, doté d'une modeste avance sur son équipier allemand.

Derrière les Mercedes, c'est dans une sorte de deuxième division que s'affrontent les Ferrari (Sebastian Vettel et Kimi Räikkönen) et les Red Bull (Daniel Ricciardo et Max Verstappen). Le reste du plateau forme la troisième division !

Hamilton se contente d'un seul tour de qualification, sachant que le changement de nombreuses pièces mécaniques le condamne à partir du fond de la grille. Il laisse à Rosberg le soin de signer la *pole position*. La place ainsi libérée en première ligne échoit au très jeune et très prometteur Verstappen, follement encouragé par de nombreux supporters venus en voisins des Pays-Bas. Les Ferrari de Räikkönen et Vettel occupent la deuxième ligne.

Un nouveau pilote fait son entrée en F1 : le Français Esteban Ocon remplace l'Indonésien Rio Haryanto chez Manor.

Quand les feux rouges s'éteignent, Rosberg file en tête. Derrière, Räikkönen est pris en sandwich entre Verstappen qui a manqué son départ et Vettel qui se rabat trop tôt à la Source ; les trois monoplaces sont endommagées et doivent subir des réparations.

Nico Hülkenberg (Force India), deuxième, et Ricciardo, troisième, tirent les marrons du feu.

Au sixième passage, la Renault de Kevin Magnussen dérape et s'écrase contre le mur de pneus au sommet du Raidillon, sans mal pour son pilote. La voiture de sécurité vient neutraliser la course mais, afin de réparer les barrières endommagées, il est nécessaire d'interrompre la course durant une vingtaine de minutes.

Le second départ est donné derrière la voiture de sécurité, toujours avec Nico Rosberg en tête. Il devance Hülkenberg, Ricciardo, Fernando Alonso (McLaren) et un étonnant Hamilton déjà remonté des tréfonds du classement.

Pour le gain d'une modeste quatorzième place, Räikkönen attaque Verstappen par deux fois aux Combes, mais le jeune Néerlandais résiste outrageusement. Kimi est fâché et le fait savoir dans sa radio.

Quittant simultanément leurs stands après un ravitaillement, Hülkenberg et Alonso se faufilent côte à côte entre les murets, jusqu'à la piste, sans rien céder. Hamilton est déjà devant eux, en route pour un podium inespéré.

Nico Rosberg célèbre son premier succès à Spa. Il finira par reprendre l'avantage sur son équipier pour devenir champion du monde. Aussitôt après, il mettra un terme à sa carrière sportive.

2017 : Vettel à la poursuite d'Hamilton

27 août 2017, circuit de Spa-Francorchamps (44 tours soit 308 km)
1. Lewis Hamilton (Mercedes) en 1 h 24 min 42,820 s
2. Sebastian Vettel (Ferrari) à 2,358 s
3. Daniel Ricciardo (Red Bull-TAG Heuer) à 10,791 s

Stoffel Vandoorne est le nouveau porteur des couleurs belges en F1. En 2016, à Bahreïn où il remplaçait Fernando Alonso blessé, il avait marqué un point dès son premier grand prix, mais ce fut sa seule participation de la saison. En 2017, le jeune prodige belge est pilote titulaire chez McLaren, hélas l'écurie vit l'une des pires saisons de son histoire ; Vandoorne a dû attendre la onzième course, à Budapest, pour marquer son premier point de l'année et son illustre équipier Alonso n'est guère mieux loti.

Vandoorne n'use pas inutilement sa monoplace lors des qualifications car de multiples pénalités liées à des changements de pièces moteur et de sa boîte de vitesses le condamnent à la dernière position de la grille de départ. La première ligne est occupée par Lewis Hamilton (Mercedes) et Sebastian Vettel (Ferrari), les deux principaux prétendants au titre mondial ; l'Allemand mène depuis le début du championnat, mais le Britannique remonte et ne compte plus que 14 points de retard avant d'aborder Spa. En signant là sa 68e *pole position*, Hamilton égale le record de Michael Schumacher.

En marge du grand prix, Mick Schumacher, 18 ans, célèbre le vingt-cinquième anniversaire de la première victoire de son père en tournant au volant de la Benetton qui le fit champion en 1994.

À l'extinction des feux, le départ et le premier passage à la Source s'effectuent sans le moindre incident — une fois n'est pas coutume. Hamilton s'installe donc en tête, avec Vettel sur ses talons. Suivent Valtteri Bottas (Mercedes), Kimi Räikkönen (Ferrari), Max

Verstappen (Red Bull), Daniel Ricciardo (Red Bull) et Nico Hülkenberg (Renault). Pénalisé par une très faible vitesse de pointe, Alonso commence à perdre des places.

Dès le huitième tour, le moteur de Verstappen perd soudain de la puissance et le pousse à l'abandon, au grand dam des nombreux supporters néerlandais présents. Räikkönen en subit également les conséquences : pour ne pas avoir ralenti devant les drapeaux jaunes qui annonçaient la Red Bull immobilisée, le Finlandais écope d'un *stop and go* de dix secondes.

Au 29e passage, les Force India de Sergio Pérez et Esteban Ocon se livrent à une lutte fratricide dans la descente vers l'Eau rouge. L'aileron avant du Français touche la roue arrière du Mexicain. L'un y perd une *moustache* et l'autre un pneu. Tous deux passent au stand. Les débris laissés sur la piste entraînent une intervention de la voiture de sécurité durant quatre tours.

Quand la course est relancée, Hamilton conserve la tête, toujours talonné par un Vettel à qui il manque un petit rien pour attaquer le leader. Bottas, dont les pneus ont trop refroidi, perd deux places d'un coup dans Kemmel, dépassé sur sa gauche par Ricciardo et sur sa droite par Räikkönen !

Les dix derniers tours ne changent rien dans le classement des dix premières monoplaces. Pour son 200e grand prix en F1, Hamilton remporte sa 58e victoire. Au championnat, il talonne Vettel, auteur du meilleur tour. Leur ordre s'inversera d'ici la fin de la saison.

Vandoorne ramène sa McLaren à la quatorzième place et voit son contrat prolongé pour la saison suivante.

2018 : Hamilton à la poursuite de Vettel

26 août 2018, circuit de Spa-Francorchamps (44 tours soit 308 km)
1. Sebastian Vettel (Ferrari) en 1 h 23 min 34,467 s
2. Lewis Hamilton (Mercedes) à 11,061 s
3. Max Verstappen (Red Bull-TAG Heuer) à 31,372 s

Champion en titre, Lewis Hamilton se présente à nouveau comme favori à sa propre succession. Le pilote Mercedes a bataillé en début de saison avec Sebastian Vettel (Ferrari), mais il commence à prendre le large au championnat. Leurs équipiers respectifs, Valtteri Bottas et Kimi Räikkönen, jouent les seconds rôles. Un cran en dessous figurent les deux pilotes de Red Bull, Daniel Ricciardo et Max Verstappen. Les autres équipes sont très loin.

Dans le paddock, l'écurie Force India, en faillite, change de propriétaire, rachetée par le père de Lance Stroll, le pilote de… Williams ! Les points de l'équipe sont remis à zéro au championnat constructeurs, mais ses pilotes Sergio Pérez et Esteban Ocon conservent leur capital.

Les qualifications, partiellement disputées sous la pluie, ne sourient pas à Stoffel Vandoorne (McLaren), auteur du dernier temps ; comme l'année précédente, le Belge partira en fond de grille. Comme en 2017 également, Hamilton et Vettel sont sur la première ligne. En revanche, la surprise vient de la deuxième ligne, monopolisée par les Force India d'Ocon et Pérez.

Au départ, le premier freinage à la Source est complètement raté de la part de Nico Hülkenberg (Renault), qui pousse la McLaren de Fernando Alonso et la fait s'envoler au-dessus de la Sauber de Charles Leclerc. Tous trois abandonnent aussitôt. Autres victimes de l'épingle, Ricciardo remplace son aileron arrière, Räikkönen change une roue crevée et Bottas répare son aileron avant.

Avant l'intervention du *safety-car*, le peloton arrive aux Combes où Vettel ravit le commandement à Hamilton. Pérez, Ocon, Verstappen, Romain Grosjean (Haas), Kevin Magnussen (Haas) et Pierre Gasly (Toro Rosso) sont en embuscade. Le drapeau jaune fige ces positions.

La course reprend au cinquième tour et Verstappen ne tarde pas à dépasser successivement les deux Force India. Excessivement retardés par leurs réparations aux stands, Räikkönen et Ricciardo renoncent à tourner en queue de peloton.

Dès le dixième tour, le classement final des dix premiers est en place, à la seule exception de Bottas qui, patiemment, regagne douze places pour terminer au pied du podium.

Il faut compter sur un chassé-croisé en milieu de classement entre Marcus Ericsson (Sauber) et Brendon Hartley (Toro Rosso) pour mettre un peu d'animation.

En reprenant sept points à Hamilton grâce à cette victoire, Vettel laisse planer encore un petit doute sur l'issue du championnat. Mais le pilote Mercedes gagnera les quatre courses suivantes et se mettra à l'abri de son rival.

2019 : Leclerc dédie sa victoire à Hubert

1er septembre 2019, circuit de Spa-Francorchamps (44 tours soit 308 km)

1. Charles Leclerc (Ferrari) en 1 h 23 min 45,710 s
2. Lewis Hamilton (Mercedes) à 0,981 s
3. Valtteri Bottas (Mercedes) à 12,585 s

Une fois de plus, il n'y a pas de pilote belge engagé dans le Grand Prix de Belgique. Le contrat de Stoffel Vandoorne en F1 n'a pas été renouvelé ; le pilote de Courtrai se console en entamant une brillante carrière en Formule E avec l'écurie Mercedes.

La firme de Stuttgart domine nettement la saison 2019. Avant d'arriver à Francorchamps, les *flèches d'argent* de Lewis Hamilton et Valtteri Bottas ont raflé dix des douze grands prix disputés, n'en laissant que deux à Max Verstappen (Red Bull). Les Ferrari de Sebastian Vettel et Charles Leclerc doivent se contenter des places d'honneur. C'est dans cet ordre que ces cinq hommes se présentent au championnat, avant de courir à Spa.

Les qualifications voient la *Scuderia* en regain de forme puisque la première ligne de la grille de départ sera toute rouge, Leclerc devançant Vettel, suivie d'une deuxième ligne toute grise, avec Hamilton et Bottas.

À cette séance succède une course de F2 qui vire au drame. Une terrible collision se produit en haut du Raidillon, dans laquelle l'espoir français Anthoine Hubert trouve la mort et l'Equatorien Juan Manuel Correa est grièvement blessé. La seconde course de F2 prévue ce week-end est annulée, mais pas l'épreuve de F1.

Au premier freinage, Hamilton parvient à s'intercaler entre les Ferrari de Leclerc et Vettel, mais l'Allemand reprend son bien dès la montée de Kemmel. A la Source, Verstappen veut absolument s'infiltrer dans un trou de souris pour faire l'intérieur à Kimi Räikkönen (Alfa Romeo) ; les monoplaces se touchent durement mais continuent jusque dans l'Eau rouge où la suspension de la Red Bull cède et expédie le Néerlandais dans le mur de pneus. Drapeau jaune et voiture de sécurité sont sortis.

Après quatre tours de neutralisation, l'ordre de tête est établi : Leclerc, Vettel, Hamilton, Bottas et Lando Norris (McLaren). Les ravitaillements ne le modifient que provisoirement car, au 27e tour, ces cinq hommes retrouvent leurs cinq places du début de course. Mais, qu'on ne s'y trompe pas, une belle lutte est offerte aux spectateurs par Leclerc, Vettel et Hamilton. L'Allemand prend même la tête durant quelques tours, grâce à des pneus tendres qui ne le mènent pas loin ; il doit à nouveau en changer à onze tours de l'arrivée et tombe ainsi au quatrième rang.

La stratégie de Leclerc, à un seul arrêt, s'avère payante. Avec Hamilton sur ses talons, le Monégasque remporte son premier grand prix de F1, victoire teintée de tristesse et dédiée à son ami Anthoine Hubert.

Le grand perdant de la fin de course est Norris, solide cinquième jusqu'à ce que son moteur refuse d'effectuer le dernier tour.

Malgré deux autres succès des Ferrari à Monza et à Singapour, le championnat reviendra une fois de plus à Hamilton.

2020 : Hamilton devant des tribunes vides

30 août 2020, circuit de Spa-Francorchamps (44 tours soit 308 km)
1. Lewis Hamilton (Mercedes) en 1 h 24 min 08,761 s
2. Valtteri Bottas (Mercedes) à 8,448 s
3. Max Verstappen (Red Bull-Honda) à 15,455 s

Le monde entier est bouleversé par la pandémie du Covid-19 qui entraîne confinements dans de nombreux pays et annulations en série de grands événements sportifs. Le Championnat du monde des conducteurs n'a ainsi débuté que le 5 juillet en Autriche. Petit miracle dans ce gigantesque vent de panique : le Grand Prix de Belgique peut se dérouler fin août comme les années précédentes. Ah si, il y a tout de même une énorme différence : les tribunes et les zones dédiées aux spectateurs resteront totalement vides ! Seules les caméras de télévision verront le spectacle. La police belge intercepte un bus de supporters de Verstappen qui tourne autour de Francorchamps : ils sont reconduits à la frontière néerlandaise et écopent chacun d'une amende de 335 euros !

Ce qui ne change guère, c'est la domination de Lewis Hamilton et de Mercedes sur le championnat. Déjà largement en tête après six épreuves, il ne sera jamais rejoint, ni même menacé, dans la conquête de son septième titre mondial, le quatrième consécutif. Red Bull navigue en solitaire en deuxième rideau. Les autres forment le peloton, y compris Ferrari qui sombre dans l'anonymat.

Sans surprise, Hamilton et son équipier Valtteri Bottas occupent la première ligne de départ. Derrière eux, seuls Max Verstappen (Red Bull) et Daniel Ricciardo (Renault) ont tourné dans la même seconde que la *pole*.

Le départ est donné et la Source franchie sans encombre. Derrière les deux Mercedes, de l'Eau rouge jusqu'à la longue courbe de

Bruxelles, Verstappen et Ricciardo roulent côte à côte sans rien céder ; la Red Bull conserve finalement l'avantage.

Dans son dixième tour, Antonio Giovinazzi perd le contrôle de son Alfa Romeo qui se fracasse contre un mur de pneus. Pour éviter la monoplace italienne en perdition, George Russell (Williams) part également s'écraser dans les protections. Tous deux sortent indemnes. La voiture de sécurité neutralise quatre tours de course.

A la reprise, l'inamovible trio Hamilton-Bottas-Verstappen devance Pierre Gasly (Alpha Tauri), Sergio Pérez (Racing Point), Ricciardo, Alexander Albon (Red Bull) et Esteban Ocon (Renault). Seul Gasly n'est pas passé par les stands, mais sa stratégie à un seul arrêt est ruinée par l'intervention du *safety-car* ; il va descendre dans les profondeurs du classement mais ne pourra remonter qu'à la huitième place.

Pérez voit également sa course ruinée par une mauvaise stratégie de changement de pneus. Restent en tête Hamilton, Bottas, Verstappen, Ricciardo, Albon et Ocon. Les six premières places sont figées jusqu'au dernier tour, durant lequel Ocon vient à bout d'Albon.

Ce 89e succès d'Hamilton le rapproche du record absolu de 91 victoires, détenu — mais pour combien de temps encore — par Michael Schumacher.

2021 : Un tour pour rien

29 août 2021, circuit de Spa-Francorchamps (1 tour soit 7 km)
1. Max Verstappen (Red Bull-Honda)
2. George Russell (Williams-Mercedes)
3. Lewis Hamilton (Mercedes)

La pandémie de Covid-19 est encore là, toutefois les spectateurs vaccinés peuvent assister au Grand Prix de Belgique 2021. Mais c'est un tout autre drame qui affecte Spa-Francorchamps depuis deux semaines : la directrice du circuit, Nathalie Maillet, assassinée, fait partie des trois victimes d'un terrible geste dicté par la jalousie. En outre, le souvenir d'Anthoine Hubert demeure vivace, notamment chez Pierre Gasly qui va déposer des fleurs là où son ami a trouvé la mort en course, un an auparavant.

Cette triste ambiance est confirmée par le ciel qui déverse toutes les larmes de ses nuages sur une piste inondée. Durant les qualifications, Sebastian Vettel (Aston Martin) juge le circuit impraticable ; l'accident de Lando Norris, qui détruit sa McLaren dans le Raidillon, lui donne raison et interrompt la séance. Quand la bataille pour la *pole* peut reprendre, seul Max Verstappen (Red Bull) passe sous la barre des deux minutes au tour, mais le véritable héros est George Russell qui hisse sa Williams en première ligne ; on n'avait pas vu cette écurie à pareille fête depuis quatre ans.

Dimanche, la météo est encore pire que la veille ! Le départ est reculé à 14 h 25, dans l'espoir que le déluge cesse. Cependant, dès le tour de formation, Sergio Pérez plante l'avant de sa Red Bull dans un mur de pneus ; il doit réparer et s'élancer depuis la voie des stands.

Une heure d'attente supplémentaire s'écoule et l'eau céleste continue de ruisseler. Les monoplaces effectuent deux tours de reconnaissance derrière la voiture de sécurité mais, la visibilité restant nulle, la procédure de départ est encore interrompue.

Le départ est finalement donné sous *safety-car* à 18 h 17. Trois tours sont effectués sans que la situation s'améliore, puis le drapeau rouge stoppe définitivement le peloton, sous les sifflets du public.

Le plus extraordinaire de l'histoire, c'est que ces boucles de reconnaissance ont finalement valeur de course, officiellement interrompue à l'issue d'un seul tour effectué sous drapeau jaune, c'est-à-dire avec interdiction de dépasser ! Certes, seule la moitié des points d'une épreuve « normale » est attribuée, mais elle récompense de fait les résultats des qualifications et rien d'autre.

Plutôt que d'annuler ou reporter un grand prix impossible à disputer, le pouvoir sportif crée la course la plus courte — et la plus ridicule — de l'histoire du Championnat du monde !

On n'osera pas qualifier Verstappen de vainqueur ni parler de podium et encore moins de classement. On préférerait pouvoir oublier ce jour où le monde entier s'est gaussé de la F1 et du Grand Prix de Belgique.

2022 : Verstappen fait le maximum

28 août 2022, circuit de Spa-Francorchamps (44 tours soit 308 km)
1. Max Verstappen (Red Bull) en 1 h 25 min 52,894 s
2. Sergio Pérez (Red Bull) à 17,841 s
3. Carlos Sainz (Ferrari) à 26,886 s

De nos jours, signer le meilleur temps des qualifications ne signifie plus partir en *pole position*. Le champion du Monde en titre, Max Verstappen, l'apprend à ses dépens à Spa. Comme plusieurs autres voitures, sa Red Bull est rétrogradée pour avoir changé des pièces du moteur et de la boîte de vitesse ; le Néerlandais doit s'élancer de la quatorzième position. De même, son rival Charles Leclerc (Ferrari), auteur du quatrième chrono, part quinzième, juste devant Esteban Ocon (Alpine) qui a pourtant réalisé le cinquième meilleur temps.

Ces rétrogradations font les affaires de Carlos Sainz (Ferrari), promu *poleman* aux côtés de Sergio Pérez (Red Bull). Si l'Espagnol en tire profit en s'élançant en tête, le Mexicain est immédiatement débordé par l'Alpine de Fernando Alonso et la Mercedes de Lewis Hamilton. Les deux anciens champions bataillent ferme jusqu'au virage des Combes où, voulant dépasser par l'extérieur, Hamilton se rabat trop tôt et escalade violemment une roue avant de l'Alpine. Endommagée par ce saut de cabri, la Mercedes se range sur le bas-côté quelques centaines de mètres plus loin.

Au cœur du peloton, Verstappen et Leclerc entreprennent leur remontée. La piste est sale, alors le pilote Red Bull retire dès le premier tour un des *tear-off* protégeant sa visière. Ironie du sort, ce morceau de plastique est happé par une écope de frein de la Ferrari qui le suit ! Constatant un échauffement excessif dans sa roue, le Monégasque passe par son stand pour faire retirer l'objet et repart bon dernier. Double peine pour la *Scuderia*, l'incident a endommagé un capteur dans la roue de la monoplace qui grille involontairement la limitation de vitesse de la *pit-lane*, ce qui vaudra une pénalité et la perte d'une place au classement pour Leclerc. Il est dit que, durant toute cette saison 2022, maladresses et malchances auront parsemé le chemin de Ferrari, lui interdisant de rivaliser avec Red Bull.

En performances pures, il est vrai que ce Grand Prix de Belgique révèle un écart flagrant entre les monoplaces autrichiennes et le reste du peloton. Sainz ne résiste qu'une dizaine de tours au retour de Verstappen et de Pérez qui filent sans faiblir vers un indiscutable doublé.

Pour faire bonne mesure, le champion néerlandais s'offre le meilleur tour en course, malgré une ultime tentative de Leclerc revenu du diable Vauvert.

Grand animateur du peloton, Ocon se fait remarquer par de magnifiques manœuvres ; lorsque son Alpine et l'Alpha Tauri de Pierre Gasly dépassent, chacune d'un côté, l'Aston Martin de Sebastian Vettel dans la ligne droite de Kemmel, on songe inévitablement au mythique dépassement de Häkkinen sur Schumacher et Zonta en 2000.

Au championnat, l'écart se creuse irrésistiblement au profit de Verstappen. Buvant le calice jusqu'à la lie, Leclerc voit même Pérez lui ravir la deuxième place provisoire.

HORS CHAMPIONNAT

Quand le championnat n'était pas tout

Depuis quatre décennies, les courses de F1 se limitent strictement aux épreuves du Championnat du monde. Ce ne fut pas toujours le cas. Des courses indépendantes comme le Grand Prix des Frontières, disputé autour de Chimay, ont perduré ; d'autres, à l'image du Grand Prix de Bruxelles, n'ont connu que quelques éditions. Plusieurs ont permis à des pilotes belges de glaner de nouveaux lauriers. La dernière épreuve de F1 hors championnat — la Course des Champions, à Brands-Hatch — eut lieu en 1983.

8 juin 1946 : Deux Belges sur le podium

Le Britannique Leslie Brooke (ERA) remporte le 15e Grand Prix des Frontières, à Chimay. Il devance les Belges René Steinback (Alfa Romeo) et Maurice Adant (Bugatti).

24 avril 1949 : Johnny Claes troisième à Paris

Trois Talbot-Lago T26C monopolisent les trois premières places du 3e Grand Prix de Paris. Philippe Étancelin monte sur la plus haute marche, suivi par le duo que forment Georges Grignard et Yves Giraud-Cabantous. La troisième place revient au sociétaire de l'Écurie Belge, Johnny Claes.

5 juin 1949 : Claes récidive à Chimay

Le 18e Grand Prix des Frontières est remporté par la Talbot-Lago du Français Guy Mairesse — à ne pas confondre avec le Belge Willy Mairesse. Johnny Claes place sa Talbot sur la troisième marche du podium, derrière le Britannique Lance Macklin sur Maserati.

27 avril 1952 : Claes éternel troisième

Johnny Claes place la Simca Gordini de l'Écurie Belge au troisième rang du 10e Grand Prix de Marseille, une course de trois heures que remporte Alberto Ascari (Ferrari) devant une autre Simca Gordini copilotée par le prince Bira et Robert Manzon.

1er juin 1952 : Paul Frère gagne à Chimay

Dès le premier des 22 tours du Grand Prix des Frontières, un accident élimine Johnny Claes (Simca Gordini) et Roger Laurent (Ferrari 500 de l'Écurie Francorchamps), puis Roger Meunier (Jicey) et Jacques Swaters (Veritas) abandonnent quelques tours plus tard. La course est remportée par le Belge Paul Frère, qui pilote une HWM. Les Britanniques Kenneth Downing (Connaught) et Robin Montgomerie-Charrington (Aston) l'entourent sur le podium. Derrière, tous les autres pilotes classés sont Belges : Marcel Masuy (Veritas), Charles de Tornaco (HWM), Arthur Legat (Veritas) et Olivier Gendebien (Veritas).

13 juillet 1952 : Et revoilà Claes... troisième

Disputé autour de l'aérodrome de la cité vendéenne, le 2e Grand Prix des Sables-d'Olonne, gagné par Luigi Villoresi (Ferrari) devant Peter Collins (HWM), voit évidemment Johnny Claes pointer à la troisième place, au volant d'une Simca Gordini engagée par l'Écurie Belge.

24 mai 1953 : Maurice Trintignant devance Roger Laurent

La Gordini T16 du Français Maurice Trintignant franchit victorieusement la ligne d'arrivée du 23e Grand Prix des Frontières, devançant la Ferrari 500 de l'Écurie Francorchamps pilotée par Roger Laurent et la Gordini de l'Américain Fred Wacker. Quatrième sur une AFM privée, le vétéran allemand Hans Stuck (52 ans) est aussi le dernier à boucler l'épreuve, les seize autres coureurs ayant abandonné.

31 mai 1953 : Paul Frère deuxième au Nürburgring

Sept tours du mythique circuit du Nürburgring, long de 22,8 km, composent les 17e Courses de l'ADAC. Le Suisse Emmanuel de Graffenried y impose sa Maserati privée, devant les HWM de Paul Frère et de Peter Collins.

12 juillet 1953 : Jacques Swaters roi de l'Avus

La Ferrari 500 de l'Écurie Francorchamps, aux mains de Jacques Swaters, gagne les 9e Courses de l'Avus, disputées sur un tronçon d'une autoroute berlinoise. Suivent les Veritas de Hans Klenk et Theo Helfrich.

6 juin 1954 : André Pilette deuxième à Chimay

Le prince Bira, petit-fils du roi Mongkut du Siam (Thaïlande), impose sa Maserati dans le Grand Prix des Frontières. Sur le podium, il est entouré d'André Pilette (Gordini) et du Britannique Donald Beauman (Connaught).

25 juillet 1954 : Georges Berger associé à Jean Behra

Le 3e Grand Prix de Caen échoit à la Ferrari de Maurice Trintignant, devant la Maserati de Stirling Moss. Au troisième rang figure la Gordini dont le Belge Georges Berger et le Français Jean Behra se partagent le volant.

12 septembre 1954 : André Pilette deuxième à Cadours

Deux Gordini officielles dominent le 6ᵉ Circuit de Cadours, dans la région toulousaine ; la première est confiée à Jean Behra et la seconde à André Pilette. La Maserati de Louis Rosier complète le podium.

9 avril 1961 : Jack Brabham s'impose à Bruxelles

Le 3ᵉ Grand Prix de Bruxelles se court dans le quartier du Heysel, sur un circuit de 4,55 km à parcourir 66 fois (trois manches de 22 tours). Malgré une minute de pénalité infligée pour départ anticipé, les deux Cooper T53 de Jack Brabham et Bruce McLaren s'octroient les deux premières places, devant la Lotus privée de Tony Marsh. Lucien Bianchi échoue au pied du podium avec son Emeryson de l'Équipe Nationale Belge.

1ᵉʳ avril 1962 : Willy Mairesse couronné à domicile

Le Grand Prix de Bruxelles sourit à un pilote belge, Willy Mairesse, qui dispose d'une Ferrari 156 officielle. Il devance Jo Bonnier (Porsche) et Innes Ireland (Lotus).

20 mai 1962 : Mairesse récidive à Naples

Le 20ᵉ Grand Prix de Naples se court dans le quartier de Pausilippe, célèbre pour son panorama et ses fréquentations hollywoodiennes. Willy Mairesse et Lorenzo Bandini n'ont guère le temps d'en admirer les paysages, plaçant aux deux premières places leurs Ferrari officielles. Troisième, Keith Greene (Gilby) leur concède un tour de retard.

16 août 1969 : Jacky Ickx triomphe à Oulton Park

F1, F2 et Formule 5000 courent ensemble l'*International Gold Cup* sur le circuit britannique d'Oulton Park. Jackie Stewart qualifie sa Matra MS80 en *pole* et réalise le meilleur tour, mais un arrêt au stand pour réparer un câble de batterie cassé le fait rétrograder dans le peloton. Jacky Ickx profite de la situation pour imposer sa Brabham BT26. Il devance Jochen Rindt qui donne à la Lotus 63 à quatre roues motrices le meilleur résultat de son histoire. Andrea de Adamich complète le podium avec sa Surtees de F5000.

13 juin 1971 : Ickx gagne en mémoire de Rindt

Hockenheim rend hommage à Jochen Rindt, décédé en septembre 1970 et couronné à titre posthume. La course est organisée après l'annulation du Grand Prix de Belgique 1971, afin de combler le vide entre les épreuves de Monaco et des Pays-Bas. Auteur de la *pole position*, Jacky Ickx (Ferrari) démarre cependant de la deuxième place de la grille, la première étant laissée symboliquement vide pour Rindt. En tête du début à la fin, le pilote belge devance de près d'une minute Ronnie Peterson (March). John Surtees (Surtees) est troisième.

17 mars 1974 : Ickx champion sous la pluie

La surprenante Hesketh de James Hunt signe le meilleur temps des essais de la 9e Course des Champions, qui mêle F1 et F5000 à Brands-Hatch. Jacky Ickx (Lotus) ne signe que le 11e temps des essais et Teddy Pilette (Chevron F5000) le 25e. Le départ est donné sous la pluie et Ickx pointe déjà au quatrième rang à la fin du premier tour, derrière Carlos Reutemann (Brabham), Emerson Fittipaldi (McLaren) et Niki Lauda (Ferrari). Le Brésilien perd du temps derrière les attardés, l'Argentin est victime d'une sortie de route.

Quant à l'Autrichien, il ne peut pas résister aux attaques du Belge qui gagne pour la première fois au volant d'une Lotus.

14 mars 1976 : Ickx sur le podium

Quatrième temps des essais, Jacky Ickx (Hesketh) se classe troisième de la 11e Course des Champions, remportée par James Hunt (McLaren) devant Alan Jones (Surtees). Patrick Nève (Brabham) termine septième.

Les statistiques des pilotes belges

Ickx et Boutsen victorieux

Seuls deux pilotes belges ont remporté des grands prix.

- 8 victoires : Jacky Ickx
- 3 victoires : Thierry Boutsen

Ils sont aussi les seuls à avoir signé une *pole position* (13 pour Ickx, 1 pour Boutsen) et un meilleur tour en course (14 pour Ickx, 1 pour Boutsen).

Boutsen, dix ans en F1

Présent de 1983 à 1993 en Formule 1, Thierry Boutsen est le pilote belge ayant disputé le plus grand nombre de grands prix.

- 163 GP : Thierry Boutsen
- 114 GP : Jacky Ickx
- 47 GP : Bertrand Gachot
- 41 GP : Stoffel Vandoorne
- 23 GP : Johnny Claes
- 20 GP : Jérôme d'Ambrosio
- 17 GP : Lucien Bianchi
- 14 GP : Olivier Gendebien
- 12 GP : Willy Mairesse
- 11 GP : Paul Frère
- 10 GP : Patrick Nève
- 9 GP : André Pilette
- 7 GP : Jacques Swaters
- 5 GP : Eric Van de Poele
- 2 GP : Roger Laurent
- 2 GP : Charles de Tornaco
- 2 GP : Arthur Legat

- 2 GP : Philippe Adams
- 2 GP : Georges Berger
- 1 GP : André Milhoux
- 1 GP : Teddy Pilette

5 Belges dans la course

Cinq pilotes belges au départ d'un même grand prix, c'est un record qui ne semble pas devoir être battu prochainement. Il a été atteint à deux reprises, au Grand Prix de Belgique 1952 (Claes, Frère, Laurent, de Tornaco, Legat) et au Grand Prix de Belgique 1953 (Claes, Frère, Berger, Legat, A. Pilette).

Inversement, depuis 1950, on totalise 27 saisons durant lesquels on n'a pas vu un seul Belge au départ du moindre grand prix : 1957, 1966, 1980, 1981, 1982, 1996, 1997, 1998, 1999, 2000, 2001, 2002, 2003, 2004, 2005, 2006, 2007, 2008, 2009, 2010, 2013, 2014, 2015, 2019, 2020, 2021, 2022.

3 podiums à domicile

Depuis la création du Championnat du monde, en 1950, aucun pilote belge n'a remporté son grand prix national. Toutefois, ils sont trois à être montés sur le podium à domicile : Paul Frère se classa 2e en 1956, Olivier Gendebien et Jacky Ickx furent 3e, respectivement en 1960 et 1968.

Ickx, le premier et presque le plus jeune

Lorsqu'il remporte le Grand Prix de France 1968 au volant de sa Ferrari, Jacky Ickx est le premier pilote belge victorieux depuis la création du Championnat du monde. En outre, il n'a alors que 23 ans et devient le deuxième plus jeune vainqueur en F1 ; Bruce

McLaren avait gagné à 22 ans, en 1959. Aujourd'hui, le record est détenu par Max Verstappen (18 ans).

Ickx, l'enfant de la *pole*

Au Grand Prix d'Allemagne 1968, Jacky Ickx (23 ans) devient le plus jeune pilote à décrocher une *pole position*. Le temps a effacé son record, aujourd'hui détenu par Sebastian Vettel (21 ans en 2008).

Boutsen, le plus patient

Thierry Boutsen dispute 95 grands prix avant de s'imposer enfin, en 1989. À l'époque, il devient le pilote ayant le plus longtemps attendu sa première victoire. Ces dernières décennies, d'autres pilotes ont dépassé ce score, le pompon revenant au Mexicain Sergio Pérez qui a dû attendre son 190ᵉ grand prix pour gagner.

Points marqués en championnat

- Jacky Ickx : 181 pts
- Thierry Boutsen : 132 pts
- Stoffel Vandoorne : 26 pts[2]
- Olivier Gendebien : 18 pts
- Paul Frère : 11 pts
- Willy Mairesse : 7 pts
- Lucien Bianchi : 6 pts
- Bertrand Gachot : 5 pts
- André Pilette : 2 pts

---

[2] Le système d'attribution de points a notablement évolué en 2003 et 2010. Dans le précédent système, qui ne distribuait des points que jusqu'à la sixième place, Stoffel Vandoorne n'en aurait jamais marqué aucun, puisque son meilleur résultat est une 7ᵉ place.

Les statistiques du GP de Belgique

Palmarès

Year	Location	Driver	Car
1912	Anseremme-Dinant	René Croquet	Th. Schneider
1913	Spa	Léon Derny	Springuel-Impéria
1922	Spa-Francorchamps	Raymond de Tornaco	Impéria
1925	Spa-Francorchamps	Antonio Ascari	Alfa Romeo
1930	Spa-Francorchamps	Louis Chiron	Bugatti
1931	Spa-Francorchamps	W. Grover-Williams / Carlo Alberto Conelli	Bugatti
1933	Spa-Francorchamps	Tazio Nuvolari	Maserati
1934	Spa-Francorchamps	René Dreyfus	Bugatti
1935	Spa-Francorchamps	Rudolf Caracciola	Mercedes-Benz
1937	Spa-Francorchamps	Rudolf Hasse	Auto Union
1939	Spa-Francorchamps	Hermann Lang	Mercedes-Benz
1946	Bois de la Cambre	Eugène Chaboud	Delage
1947	Spa-Francorchamps	Jean-Pierre Wimille	Alfa Romeo
1949	Spa-Francorchamps	Louis Rosier	Talbot
1950	Spa-Francorchamps	Juan Manuel Fangio	Alfa Romeo
1951	Spa-Francorchamps	Giuseppe Farina	Alfa Romeo
1952	Spa-Francorchamps	Alberto Ascari	Ferrari

1953	Spa-Francorchamps	Alberto Ascari	Ferrari
1954	Spa-Francorchamps	Juan Manuel Fangio	Maserati
1955	Spa-Francorchamps	Juan Manuel Fangio	Mercedes
1956	Spa-Francorchamps	Peter Collins	Ferrari
1958	Spa-Francorchamps	Tony Brooks	Vanwall
1960	Spa-Francorchamps	Jack Brabham	Cooper-Climax
1961	Spa-Francorchamps	Phil Hill	Ferrari
1962	Spa-Francorchamps	Jim Clark	Lotus-Climax
1963	Spa-Francorchamps	Jim Clark	Lotus-Climax
1964	Spa-Francorchamps	Jim Clark	Lotus-Climax
1965	Spa-Francorchamps	Jim Clark	Lotus-Climax
1966	Spa-Francorchamps	John Surtees	Ferrari
1967	Spa-Francorchamps	Dan Gurney	Eagle-Weslake
1968	Spa-Francorchamps	Bruce McLaren	McLaren-Ford
1970	Spa-Francorchamps	Pedro Rodríguez	BRM
1972	Nivelles	Emerson Fittipaldi	Lotus-Ford
1973	Zolder	Jackie Stewart	Tyrrell-Ford
1974	Nivelles	Emerson Fittipaldi	McLaren-Ford
1975	Zolder	Niki Lauda	Ferrari

Year	Circuit	Driver	Constructor
1976	Zolder	Niki Lauda	Ferrari
1977	Zolder	Gunnar Nilsson	Lotus-Ford
1978	Zolder	Mario Andretti	Lotus-Ford
1979	Zolder	Jody Scheckter	Ferrari
1980	Zolder	Didier Pironi	Ligier-Ford
1981	Zolder	Carlos Reutemann	Williams-Ford
1982	Zolder	John Watson	McLaren-Ford
1983	Spa-Francorchamps	Alain Prost	Renault
1984	Zolder	Michele Alboreto	Ferrari
1985	Spa-Francorchamps	Ayrton Senna	Lotus-Renault
1986	Spa-Francorchamps	Nigel Mansell	Williams-Honda
1987	Spa-Francorchamps	Alain Prost	McLaren-TAG
1988	Spa-Francorchamps	Ayrton Senna	McLaren-Honda
1989	Spa-Francorchamps	Ayrton Senna	McLaren-Honda
1990	Spa-Francorchamps	Ayrton Senna	McLaren-Honda
1991	Spa-Francorchamps	Ayrton Senna	McLaren-Honda
1992	Spa-Francorchamps	Michael Schumacher	Benetton-Ford
1993	Spa-Francorchamps	Damon Hill	Williams-Renault
1994	Spa-Francorchamps	Damon Hill	Williams-Renault

1995	Spa-Francorchamps	Michael Schumacher	Benetton-Renault
1996	Spa-Francorchamps	Michael Schumacher	Ferrari
1997	Spa-Francorchamps	Michael Schumacher	Ferrari
1998	Spa-Francorchamps	Damon Hill	Jordan-Mugen Honda
1999	Spa-Francorchamps	David Coulthard	McLaren-Mercedes
2000	Spa-Francorchamps	Mika Häkkinen	McLaren-Mercedes
2001	Spa-Francorchamps	Michael Schumacher	Ferrari
2002	Spa-Francorchamps	Michael Schumacher	Ferrari
2004	Spa-Francorchamps	Kimi Räikkönen	McLaren-Mercedes
2005	Spa-Francorchamps	Kimi Räikkönen	McLaren-Mercedes
2007	Spa-Francorchamps	Kimi Räikkönen	Ferrari
2008	Spa-Francorchamps	Felipe Massa	Ferrari
2009	Spa-Francorchamps	Kimi Räikkönen	Ferrari
2010	Spa-Francorchamps	Lewis Hamilton	McLaren-Mercedes
2011	Spa-Francorchamps	Sebastian Vettel	Red Bull-Renault
2012	Spa-Francorchamps	Jenson Button	McLaren-Mercedes
2013	Spa-Francorchamps	Sebastian Vettel	Red Bull-Renault
2014	Spa-Francorchamps	Daniel Ricciardo	Red Bull-Renault
2015	Spa-Francorchamps	Lewis Hamilton	Mercedes

2016	Spa-Francorchamps	Nico Rosberg	Mercedes
2017	Spa-Francorchamps	Lewis Hamilton	Mercedes
2018	Spa-Francorchamps	Sebastian Vettel	Ferrari
2019	Spa-Francorchamps	Charles Leclerc	Ferrari
2020	Spa-Francorchamps	Lewis Hamilton	Mercedes
2021	Spa-Francorchamps	Max Verstappen	Red Bull-Honda
2022	Spa-Francorchamps	Max Verstappen	Red Bull

Schumacher devance Senna

Michael Schumacher est le pilote qui a le plus souvent gagné le Grand Prix de Belgique.

- 6 victoires : Michael Schumacher
- 5 victoires : Ayrton Senna
- 4 victoires : Jim Clark, Kimi Räikkönen, Lewis Hamilton
- 3 victoires : Juan-Manuel Fangio, Damon Hill, Sebastian Vettel
- 2 victoires : Alberto Ascari, Emerson Fittipaldi, Niki Lauda, Alain Prost, Max Verstappen
- 1 victoire : Giuseppe Farina, Peter Collins, Tony Brooks, Jack Brabham, Phil Hill, John Surtees, Dan Gurney, Bruce McLaren, Pedro Rodriguez, Jackie Stewart, Gunnar Nilsson, Mario Andretti, Jody Scheckter, Didier Pironi, Carlos Reutemann, John Watson, Michele Alboreto, Nigel Mansell, David Coulthard, Mika Häkkinen, Felipe Massa, Jenson Button, Daniel Ricciardo, Nico Rosberg, Charles Leclerc

L'unique victoire de Nilsson

Tous les pilotes victorieux en Belgique ont gagné au moins un autre grand prix, à l'exception de Gunnar Nilsson. Ce jeune talent suédois eut hélas une carrière trop courte pour renouveler son succès de 1977. Après seulement deux saisons chez Lotus, un cancer l'écarta des circuits et l'emporta en 1978. Il n'avait que 29 ans.

Des victoires en rouge

Ferrari détient le record de victoires dans le Grand Prix de Belgique.

- 18 victoires : Ferrari
- 14 victoires : McLaren
- 8 victoires : Lotus
- 5 victoires : Mercedes, Red Bull
- 4 victoires : Williams
- 2 victoires : Alfa Romeo, Benetton
- 1 victoire : Maserati, Vanwall, Cooper, Eagle, BRM, Tyrrell, Ligier, Renault, Jordan

Un aigle au sommet

Jack Brabham avait gagné sur une Brabham plusieurs grands prix en 1966. Bruce McLaren allait s'imposer au volant d'une McLaren dans le Grand Prix de Belgique 1968.

Dan Gurney fut victorieux à Spa en 1967, non pas au volant d'une Gurney mais d'une Eagle. Il n'avait pas donné son nom à la monoplace, pourtant il s'agissait bien d'une voiture de sa conception, c'est pourquoi Dan Gurney entre dans le clan très restreint des pilotes-constructeurs victorieux. Son succès dans le Grand Prix de Belgique 1967 demeurera cependant le seul de l'écurie américaine.

Hamilton en *pole*

Le Britannique Lewis Hamilton détient le record de *pole positions* en Belgique.

- 6 pole positions : Lewis Hamilton
- 4 pole positions : Juan-Manuel Fangio, Alain Prost, Ayrton Senna
- 3 pole positions : Graham Hill, Mika Häkkinen
- 2 pole positions : Niki Lauda, Mario Andretti, Nigel Mansell, Jacques Villeneuve, Juan-Pablo Montoya, Nico Rosberg
- 1 pole position : Giuseppe Farina, Alberto Ascari, Eugenio Castellotti, Mike Hawthorn, Jack Brabham, Phil Hill, Dan Gurney, John Surtees, Jim Clark, Chris Amon, Jackie Stewart, Emerson Fittipaldi, Ronnie Peterson, Clay Regazzoni, Jacques Laffite, Alan Jones, Carlos Reutemann, Michele Alboreto, Nelson Piquet, Rubens Barrichello, Gerhard Berger, Michael Schumacher, Jarno Trulli, Kimi Räikkönen, Giancarlo Fisichella, Mark Webber, Sebastian Vettel, Jenson Button, Charles Leclerc, Max Verstappen, Carlos Sainz Jr.

Meilleur tour pour Prost

À six reprises, Alain Prost a signé le meilleur tour en course.

- 6 meilleurs tours : Alain Prost
- 4 meilleurs tours : Michael Schumacher, Sebastian Vettel
- 3 meilleurs tours : Juan-Manuel Fangio, Jim Clark
- 2 meilleurs tours : Dan Gurney, John Surtees, Chris Amon, Gerhard Berger, Kimi Räikkönen, Lewis Hamilton, Nico Rosberg
- 1 meilleur tour : Giuseppe Farina, Alberto Ascari, Jose-Froilan Gonzalez, Stirling Moss, Mike Hawthorn, Phil Hill, Innes Ireland, Jack Brabham, Richie Ginther, François Cevert, Denny Hulme, Clay Regazzoni, Niki Lauda, Gunnar Nilsson, Ronnie Peterson, Gilles Villeneuve, Jacques Laffite, Carlos Reutemann, John Watson, Andrea de Cesaris, René Arnoux, Roberto Moreno, Damon Hill, David Coulthard, Jacques Villeneuve, Mika Häkkinen, Rubens Barrichello, Ralf Schumacher, Felipe Massa, Mark Webber, Bruno Senna, Valtteri Bottas, Daniel Ricciardo, Max Verstappen

Lightning Source UK Ltd.
Milton Keynes UK
UKHW022038140223
416982UK00010B/564